hänssler

Peter Hahne

No future –
Wir haben Zukunft!

CIP-Titelaufnahme der Deutschen Bibliothek

Hahne, Peter:
No future – wir haben Zukunft! / Peter Hahne.–
7. Aufl. – Neuhausen-Stuttgart:
Hänssler, 1990
   (Telos-Bücher; 5048: Telos Taschenbuch)
   ISBN 3-7751-0972-2
NE: GT

7. Auflage 1990
TELOS-Bücher
TELOS-Taschenbuch 5048
© Copyright 1985 by Hänssler-Verlag, Neuhausen-Stuttgart
Umschlaggestaltung: Daniel Dolmetsch
Printed in Germany

Inhalt

Vorwort des Verlages 7
Die Angel der Sehnsucht 8

No future? 11

    Atemnot und Erstickungstod 11
    Wovon wir leben 12
    Die Zielfrage 13
    Der Griff nach dem Strohhalm 15
    Traumfabrik »Zukunft« 20
    Die Zeit der Macher 21
    Vom Zukunftsrausch zum Gegenwartskater . 23
    Etappenfahrt der Enttäuschungen 29

Blattgold oder Sprühflasche? 33

Wir haben Zukunft! 35

    Die Wahrheitsfrage 35
    Allein geht man ein 37
    Wer kommt auf uns zu? 40
    Dem Zukünftigen gehören 44
    Zukunft als Geschichte 47
    Gelebte Hoffnung 53

Der Anker der Hoffnung 58

Vorwort des Verlages

»3 200 Besucher hörten Peter Hahnes Vortrag.« So lautet die Schlagzeile am 11. September 1984 im »Westfalen-Blatt«, das in Bielefeld erscheint. Weiter heißt es: »Die Zelthalle der Deutschen Zeltmission in Bünde-Spradow war am Sonntag beim Vortrag von Rundfunkredakteur Peter Hahne überfüllt. Einige hundert Besucher fanden keinen Sitzplatz und mußten stehen. 3 200 Besucher hörten dem Redner zu. ›No future? – Wir haben Zukunft!‹ war sein Thema.«

Zu einem der bestbesuchten Zeltmissionsabende der letzten Jahre sind die Menschen in dem nur 4 000 Einwohner zählenden westfälischen Dorf zusammengeströmt. An anderen Orten wiederholt sich dasselbe. Woran mag das liegen? Peter Hahne meint in einem Presseinterview: »Über Jesus Christus und sein Wort ist nicht das Gras der Vergessenheit gewachsen. Im Gegenteil! Immer mehr Menschen fragen heute danach.«

In einer unsicher gewordenen Zeit ist die Frage nach der Zukunft brandaktuell. Viele lassen sich gerade zu diesem Thema einladen. Sie kommen, weil man mit der Parole »No future« letztlich nicht leben kann. Und sicher auch, weil sie sich von dem politischen Rundfunkredakteur und engagierten Christen Peter Hahne kompetente Antworten erwarten. »Hahne hat mit wenigen Worten viel zu sagen. Seine Argumentation fordert zum Nachdenken heraus« (Nürnberger Nachrichten).

Wir haben unseren Autor gebeten, seinen Vortrag – angereichert um Zitate und Belege, aber belassen im Redestil – einer breiteren Öffentlichkeit zugänglich zu machen.

Hänssler-Verlag   Neuhausen, Januar 1985

Die Angel der Sehnsucht

Das kann nun wirklich niemanden kaltlassen. Ernest Hemingways Geschichte »Der alte Mann und das Meer« geht einem unter die Haut. Wer sie liest, erkennt darin das Spiegelbild unserer Zeit. Hier schildert der Literatur-Nobelpreisträger schicksalhaft das, was hinter dem Aufschrei »No future!« steckt.

Da ist ein armer Fischer. Der wartet auf das große Glück seines Lebens. Sein täglicher Fang hält ihn so gerade über Wasser. Er lebt von der Hand in den Mund. Auf später hin vorsorgen kann er nicht. Und doch läßt ihn der Gedanke nicht los: ich will einen großen Fang machen, mit dem für meine Zukunft ausgesorgt ist.

So setzt er sich Tag für Tag in sein Fischerboot, knotet es los und rudert mit Leibeskräften aufs offene Meer. Er wirft seine Angel aus und wartet. Stunde um Stunde wartet er in der gleißenden Sonne auf den großen Fang. Müde vom Rudern und ausgedörrt von der Hitze kehrt er Abend für Abend ans Ufer zurück. Was er mitbringt, sind ein paar kleine Fische, mit denen er so gerade über die Runden kommt.

Dann legt er sich schlafen, unser alter Mann. Er träumt und setzt seine Hoffnung auf den nächsten Tag: der soll's bringen. Und wieder rudert er hinaus. Und wieder kehrt er unbefriedigt und voller Sehnsucht zurück. So geht das Tag um Tag.

Eines Tages aber wird er aus seinem dösenden Dämmerschlaf herausgerissen. Ein großer Fisch hat angebissen. Der Alte kann es kaum fassen: Jetzt habe ich ausgesorgt für den Rest meines Lebens. Die Zukunft scheint gesichert. Die Sehnsucht geht in Erfüllung. Auf einen Schlag ändert sich das Leben des alten Mannes, als das Meer ihm diesen großen Fisch beschert.

Mit einer Harpune gelingt es ihm, den Riesenleib zu treffen. Er will ihn ins Schlepptau nehmen. Es beginnt ein mörderischer Kampf. Hemingway schreibt: »Nun wurde der Fisch lebendig, als er den Tod in sich spürte, und sprang hoch aus dem Wasser und zeigte seine ungeheure Länge und Breite und seine ganze Macht und Schönheit. Er schien über dem alten Mann in dem Boot in der Luft zu hängen. Dann fiel er krachend ins Wasser, so daß Schaum über den alten Mann und das Boot spritzte.«

In einem Augenblick verwandelt sich die Situation des alten Fischers. Die erfolglos-düstere Vergangenheit wird überstrahlt vom gleißenden Licht der Zukunft. Jetzt hab' ich die Zukunft an der Angel! Er beginnt auch schon zu rechnen; so sicher ist er sich seiner Sache. »Er wiegt über fünfzehnhundert Pfund, so wie er ist, dachte er. Vielleicht viel mehr. Wenn er angenommen zwei Drittel davon wiegt, zu dreißig Cent das Pfund ...«

Der Alte nimmt den Riesenfisch ins Schlepptau. Mit harten Ruderschlägen treibt er das Boot in den Hafen zurück. Eine mörderische Plackerei! Aber was ist das schon gegen die hoffnungsvolle Zukunft, die auf ihn wartet. Der Fisch zieht, zerrt und zappelt. Und plötzlich wird das Wasser rot. Aus der Tiefe des Meeres sind Haie unterwegs, um den Fisch zu zerstören. Und sie holen sich ihre Beute.

Der Alte kämpft gegen die Wellen, gegen die Haie, gegen den Fisch. Er sieht nicht, wie seine Beute immer mehr zum Raub der Haie wird. Er sieht schon längst die Zukunft. »Denk an irgend etwas Erfreuliches, alter Freund, sagt er. Jede Minute bist du jetzt näher an Zuhaus.«

Mit letzter Kraft wehrt er sich gegen die Raubtiere. Er schlägt und sticht. Er rudert und kämpft. Aber zwecklos. Dann ist es so weit. »Um Mitternacht kämpfte er, und diesmal wußte er, daß der Kampf zwecklos war. Sie kamen in einem Rudel, und er konnte nur die Linien sehen, die ihre Flossen im Wasser machten, und ihr Phosphoreszieren, als sie sich auf den Fisch stürzten. Er schlug mit seiner Keule auf die Köpfe ein und hörte ihre Kiefer zuhacken und spürte das Beben des Bootes, als sie sich festbissen ...«

Jetzt ist alles aus. Die Haie fressen den Riesenfisch bis zu den weißen Knochen ab. Als der alte Mann gegen Morgen sein Boot in den Hafen steuert – kaputt und abgekämpft –, da hat er nichts anderes an der Leine als ein riesiges Skelett. Aus der Traum von der Zukunft.

Das Skelett, so schildert Hemingway, wird für den Fischer zum Zeichen, daß er endgültig und unwiderruflich geschlagen ist. Der Traum vom Riesenfisch, von den erwarteten, zukunftssichernden Einnahmen und der Bewunderung seiner Kollegen wird abgelöst von dem einen Wunsch: schlafen, ruhen, abschalten ...

Er hatte die Angel der Sehnsucht ausgeworfen. Eigentlich

hatte der alte Mann die Zukunft schon im Schlepptau. Aber gefangen hat er nichts als eine große Enttäuschung. Theodor Fontane scheint recht zu haben: »Leben heißt: Hoffnungen begraben.« Stimmt also unser Thema als Lebensmotto: »No future«?

No future?

Geht es uns nicht auch so wie jenem alten Fischer? Tag für Tag knoten wir unseren Lebenskahn los. Wir rudern mit den besten Vorsätzen und den größten Hoffnungen ins volle Leben. Unsere Sehnsüchte und Erwartungen nehmen wir mit – und abends kommen wir zurück, legen uns ins Bett, ziehen Bilanz und stellen fest: Es hat's wieder nicht gebracht. Ein Tag ohne Erfüllung.

Die Angel unserer Sehnsucht hat im Trüben gefischt. Angebissen hat nichts. Geblieben ist der »Frust«: es war alles umsonst. Frustration (lat. frustra = vergeblich) ist das Kennzeichen unserer Zeit. Unerfüllte Wünsche führen in die Resignation. Überall läßt man die Köpfe hängen. Leben heißt eben: Hoffnungen begraben. »Die Geschichte ist ein großer Friedhof, besetzt mit den Grabsteinen gestorbener Zukunftshoffnungen« (K. Hutten).

Atemnot und Erstickungstod

No future! Keine Zukunft, keine Hoffnung. Das ist mehr als ein Slogan. Das ist das selbstgefällte Todesurteil über das eigene Leben. Denn wir brauchen Hoffnung. Ohne Zukunft kann man die Gegenwart nicht ertragen. Ohne Hoffnung ist alles sinnlos.

»Leben heißt: Hoffnungen begraben« – das macht kaputt, davon kann man nicht existieren. Emil Brunner, Schweizer Theologe, hat recht: »Was der Sauerstoff für die Lunge, das bedeutet die Hoffnung für die menschliche Existenz. Nimm den Sauerstoff weg, so tritt der Tod durch Ersticken ein. Nimm die Hoffnung weg, so kommt die Atemnot über den Menschen, die Verzweiflung heißt.« Radikaler kann man es kaum sagen. Ein Leben ohne Hoffnung endet in den Todesqualen der Verzweiflung.

No future! Dieses Glaubensbekenntnis macht kaputt. Es schnürt einem die Kehle zu. Menschen ohne Zukunft sind wandelnde Leichen der Gegenwart. Albert Camus, der Dichter des Absurden, schreibt in seinem »Mythos von Sisyphos«: »Ein Mensch, der keine Hoffnung hat und sich dessen bewußt ist, hat keine Zukunft mehr.« Wer nichts mehr zu hoffen hat, verfällt der Verzweiflung. Wo keine Hoffnung ist, da ist Traurigkeit (vgl. in der Bibel: 1 Thess 4,13).

Wovon wir leben

Die Qual eines hoffnungslosen Lebens schildert Alexander Solschenizyn in seinem packenden Roman »Krebsstation«. Da wird der vitale Draufgänger Jefrem plötzlich in eine Krebsklinik eingeliefert. Was war das doch für ein Mann gewesen: Er genoß das Leben in vollen Zügen, war nie krank und strotzte vor Gesundheit. Und jetzt das. Welten brechen über ihm zusammen. Was hatte er sich doch noch alles für sein Leben vorgenommen. Und jetzt ist alles aus. Die tödlichen Geschwüre zerfressen seinen Körper. Seine Tage sind gezählt.

In der Bibliothek findet Jefrem ein Buch von Leo Tolstoi. Früher hatte er ihn, mit seinem Satz »Gott kennen ist Leben«, nur als religiösen Spinner abgetan. Heute läßt ihn sein Thema nicht mehr los: »Wovon leben die Menschen?« Diese bohrende Frage stellt Jefrem nun seinen Leidensgenossen auf der Krebsstation. Die Antworten sind typisch. Aber in dieser Situation wirken sie makaber; so makaber, wie sie in Wirklichkeit immer sind. »Wovon leben die Menschen?« »Vom Geld«, sagt der eine. »Vom Essen, vom Wasser, von der Luft...« »Aber das reicht doch nicht!« schreit Jefrem.

Ja, das reicht nicht. Der Mensch, so diagnostiziert Alexander Solschenizyn, lebt von der Hoffnung. Ohne Zukunft ist der Mensch tot. No future – wer das über sein Leben schreibt, der hat sein Todesurteil bereits unterschrieben. Das ist der Ernst unseres Themas. Und Jefrems Finger aus der Krebsstation zeigt auf uns: »Wovon lebst du denn?« Der alte Mann auf dem Meer fragt uns: »Willst du weiter Abend für Abend deine Hoffnungen begraben, bis du dann am Lebensabend sagst: es war alles umsonst?!« Albert Camus schreibt: »Ein Leben muß sich auf die Zukunft entwerfen lassen, wenn die Menschen es als lebenswert empfinden sollen. Mit dem Kopf an der Mauer leben allenfalls die Hunde.« Es stimmt: der Mensch lebt von der Hoffnung.

Aber doch nicht von irgendeiner! Nicht von Illusionen und Träumereien. Nicht von Utopien und Phantasien. Er braucht eine begründete Hoffnung auf eine realistische Zukunft. Alles andere ist Betrug. Wer sich selber Hoffnungen macht, lügt sich die Zukunft in die Tasche. Und davon kann man nicht leben. Vor allem nicht sterben. Denn keiner will doch am Abend seines Lebens sagen müssen: es war alles umsonst.

Die Zielfrage

Wenn das unsere Perspektive ist, daß eines Tages über unserem Leben steht »vergeblich«, dann hat sich alles nicht gelohnt. Dann war alles umsonst. Wer das zum Ziel seines Lebens wählt, der ist auch bereits auf den Lebensetappen immer ein Betrogener. Denn jede kleine Teilentscheidung meines Alltags hängt vom Gesamtziel meines Lebens ab.

Kein Mensch setzt sich in sein Auto, gibt anständig Gas, braust los und sagt: Lenken kann ich später noch. Wer das tut, ist ein Narr. Er verurteilt sich selbst zum Tode. Man braucht ein Ziel. Und man wird alles daransetzen, dieses Ziel durch angemessenes Verhalten zu erreichen. Wenn mein Leben jedoch eine ziellose Fahrt ins Blaue ist, bleibt letztlich nur die Verzweiflung – und die Etappen zeichnen sich durch Frustration und Resignation hinter der Maske gespielten Glücks aus.

Ohne Hoffnung leben heißt: ohne Ziel leben. Wo aber kein Ziel ist, da gibt es auch keinen Weg und keinen Sinn. Christian Morgenstern dichtet:

> »Wer vom Ziel nichts weiß,
> kann den Weg nicht haben,
> muß im selben Kreis
> all sein Leben traben...«

Wer kein Ziel vor Augen hat, der geht im Kreis. Der tappt hilflos im Nebel umher. Dieser teuflische Kreislauf endet tödlich.

Ziellosigkeit ist Sinnlosigkeit. »No future« führt in die Sackgasse der Hoffnungslosigkeit. Diese Gleichung kennen wir doch im tiefsten alle. Sie ist doch allzu logisch. Nur frage ich mich, warum wir denn keine Konsequenzen daraus ziehen.

In seinem Essay »Randbemerkungen zum Weltuntergang« teilt Hans-Magnus Enzensberger seinem Gesprächspartner mit: »Ich brauche dir nicht zu versichern, daß ich von der Zukunft so wenig weiß wie du.« Eine solche kumpelhafte Koalition der Ziellosen hilft uns doch nicht weiter! Das kann doch nur einen oberflächlichen Denker beruhigen.

Was nützt mir denn die Solidarität der Hoffnungslosen, wenn ich selber nach Antwort auf die Zielfrage suche? Wir müssen doch wissen, was vor uns liegt. Nichtwissen bedeutet Weg- und Ziellosigkeit. Und diese Fahrt ins Blaue endet tödlich und ist begleitet von quälender Ungewißheit.

Genau hierin liegt der Grund für die stets steigende Selbstmordrate. Junge und Alte, Arme und Reiche halten die Sinnlosigkeit ihres Lebens nicht mehr aus. Quer durch alle sozialen Schichten und Altersstufen nagt die zermürbende Qual der Ziellosigkeit am Lebensnerv. Bei Jugendlichen ist der Selbstmord bereits die zweithäufigste Todesursache. Die Bundesrepublik verzeichnet darin einen traurigen Weltrekord.

Ein 16jähriger schreibt in seinem Abschiedsbrief an seine Eltern: »Macht Euch bitte keine Vorwürfe. Ihr habt mir alles gegeben, was Ihr konntet. Euch trifft keine Schuld. Aber ich halte die unbeantworteten Fragen nach dem Ziel meines Lebens nicht mehr aus. Diese ganze Sinnlosigkeit macht mich kaputt. Warum soll ich leben, wenn am Ende doch alles umsonst ist? Liebe Eltern, seid nicht traurig, aber ich muß es tun . . .«

Hemingways Meistererzählung »Der alte Mann und das Meer« ist letztlich die Lebensgeschichte des Dichters. Selbst der begehrte Literatur-Nobelpreis konnte ihn aus dem tödlichen Kreislauf der Sinnlosigkeit nicht befreien. In seiner Nobelpreisrede sagte er 1954 über den Beruf des Schriftstellers u. a.: »Arbeitet er doch in der Einsamkeit und muß sich jeden Tag mit der Ewigkeit auseinandersetzen – oder mit dem Fehlen dieser Ewigkeit.« Das Fehlen der Ewigkeit ist aber nichts anderes als das Fehlen von Zukunft, das Fehlen von Hoffnung und Sinn. Das Fehlen dessen, wovon wir leben und worauf wir zielen. Am 2. Juli 1961 nahm sich Ernest Hemingway das

Leben. Sein Biograph Astre berichtet: »Er nahm sein Lieblingsgewehr, eine mit Silber eingelegte, speziell für ihn angefertigte Jagdflinte aus dem Ständer, steckte sich die Läufe in den Mund und drückte beide Abzüge ab. Die Explosion riß ihm den Kopf fast vollständig weg.«

Vor allem junge Selbstmörder geben in ihren Abschiedsbriefen genau das als Grund an: Sinnlosigkeit, Ziellosigkeit, Ungeborgenheit. Es stimmt also: Ohne Lebensziel gibt es auch keine Lebensenergie. Wo alles sinnlos ist, kann man ja auch alles kaputtmachen – und sich selbst gleich mit. Der Raubbau mit dem Körper und die Flucht in Drogen und Alkohol sind doch nichts anderes als eine Orgie der Sinnlosigkeit.

In einer kalten Welt ohne Ziele erfrieren viele an der unbeantworteten Sinnfrage. Oder sie raffen sich endlich auf und beginnen nach Wärme zu suchen. Die Suche nach dem Ziel der Welt und dem Sinn des Lebens ist Start zum Durchbrechen des Teufelskreises der Hoffnungslosigkeit. Resignation oder Motivation – das ist hier die Frage. Wer den Kopf in den Sand steckt, kommt schnell vom Zustand der Atemnot ins Letztstadium des Erstickungstodes. Wer aber wach wird unter der ungelösten Zukunftsfrage und sich zur Suche nach Antwort motivieren läßt, der ist auf dem richtigen Wege.

No future! Diese Parole ist das Motto für den schleichenden Tod. Wir wollen doch aber leben! Leben, ohne dauernd Hoffnungen begraben zu müssen. Leben, ohne an der Angel unserer Sehnsucht immer nur Enttäuschungen zu fangen.

Der Griff nach dem Strohhalm

Deshalb haben die Menschen zu allen Zeiten nach Hoffnung gefragt und die Zukunft erforscht. Die Lösung der Zukunftsfrage ist das Hauptthema der Weltgeschichte. Man will schließlich nicht ins Ungewisse gehen. Ungewißheit lähmt, macht müde, läßt resignieren und verzweifeln. »Was bringt die Zukunft?« – Das ist die quälende Frage, die nach Antwort schreit.

Darum hat man sich zu allen Zeiten Ziele und Hoffnungen gesetzt. Philosophen und Futurologen, politische Fanatiker und religiöse Schwärmer – sie alle mühen sich, lohnende Ziele der Zukunft zu entwerfen. Ziele, auf die hin man sein Leben und diese Welt gestalten kann. Die Zukunftsfrage läßt keinen los. Und man ergreift jeden Strohhalm, um bloß nicht in Verzweiflung zu versinken.

Es ist doch erbärmlich, wie erwachsene und aufgeklärte Menschen tagtäglich die Zeitung aufschlagen, um unter der Rubrik »Horoskop« ihre Tagesperspektive zu erhalten. Mit lächerlichem Stolz verkündet man zwar seiner staunenden Umwelt, daß man daran als Zeitgenosse des zwanzigsten Jahrhunderts eigentlich gar nicht glaubt. Und dennoch verloren die Zeitungen, die die Wahrsagerei aus ihrem Blätterwald entfernten, so sehr an Auflage, daß man die Horoskope schnell wieder druckte.

Im Dritten Reich legte Hanussen den Ideologen und Wirtschaftskapitänen die Karten. Heute erfüllt Madame Teissier die sehnsuchtsvolle Zukunftsfrage mit charmanten Hoffnungsillusionen. Hauptsache ein Strohhalm, meint der Zeitgenosse. Und er merkt nicht, wie er immer tiefer in dem Sumpf der Verzweiflung versinkt.

Ist es denn wirklich nur Spaß, wenn vor dem Hause einer der bekanntesten deutschen Wahrsagerinnen die Limousinen der Spitzenpolitiker und Topmanager vorfahren? Ist es in Wahrheit nicht die Angst vor einer ungewissen Zukunft? Da belächelt man den »Kinderglauben« der Christen und hat für das Wort Gottes nur beißenden Spott übrig; ironisch erhebt man sich über die »mystische Geisterwelt des Neuen Testamentes«. Aber selber erschrickt man, wenn der Dreizehnte auch noch auf einen Freitag fällt oder einem eine schwarze Katze von links über den Weg läuft.

Es passierte im November 1951. Ein Ausschuß der UNO tagt in Paris. Gerade hat der britische Außenminister das Wort ergriffen, da stockt den Diplomaten, Sekretären und Presseleuten der Atem. Ein Blitzlichtfeuer geht durch den Saal und das Bild um die Welt: Eine schwarze Katze stolziert von links nach rechts durch den Saal. Eine harmlose Katze! Aber die sich so aufgeklärt gebende Welt steht Kopf. Die Zeitungen sind voll mit der Frage: Was hat das zu bedeuten? Weltweit ist ein Rätselraten: Ist das nun ein gutes oder ein schlechtes Zeichen?

In den Teufelskreis des Okkultismus sind heute alle Altersstufen und Gesellschaftsschichten einbezogen. »Die Deutschen sind auf Wahrsagerei sehr ansprechbar«, meinte Yvette Ruzha, die sich selbst als Hexe der weißen Magie bezeichnet, in der ARD-Fernsehsendung »Hessen Drei dabei« am 13. Januar 1984. In erschütternder Offenheit wurde am 17. September 1984 in einer ZDF-Sendung darüber berichtet, wie man selbst vor Teufelsanbetung und Schwarzen Messen nicht zurückschreckt, um die Zukunft zu erforschen. »Ein Versuch kann ja nicht schaden«, erklären die zahlungswilligen Opfer, als handele es sich um ein harmloses Medikament und nicht um die zerstörerische Macht der Dämonie.

Führende Geschäftsleute und Politiker machen ihre Entscheidung genauso vom Ratschlag der Wahrsager abhängig wie partnersuchende Jugendliche. Die okkulte Welle rollt fast unaufhaltsam durchs Land. Im Fernsehen als »Astro-Show«, in der Presse als »Ihr Tageshoroskop«. Der Teufel ist los und holt sich seine Opfer. Schon der alte Kirchenvater Augustin sagte: »Als freier Mann gehst du zum Wahrsager, als dessen Sklave gehst du von ihm fort.«

Allen Ernstes wollte die Deutsche Bundespost Anfang 1984 Horoskope in ihren traditionellen Ansagedienst aufnehmen. Unter einer schon bekanntgegebenen Rufnummer hätte man in jedem Ortsnetz sein Horoskop erfragen können. Dem nachdrücklichen Protest der »Konferenz Evangelikaler Publizisten« (kep) ist es zu verdanken, daß der Bundespostminister das ohne sein Wissen begonnene Projekt kurzerhand absetzte. Dr. Christian Schwarz-Schilling schrieb an Wolfgang Baake, den kep-Geschäftsführer: »Ich bin mit Ihnen der Ansicht, daß ein solcher Dienst grundsätzlich nicht von einem öffentlichen Unternehmen wie der Deutschen Bundespost angeboten werden sollte« (23. März 1984). Angesichts der Tatsache, daß sich Zeitungen und Zeitschriften mit den Horoskopen finanziell geradezu gesundstoßen, ist diese klare Entscheidung des oft zu unrecht gescholtenen Ministers ein mutiger Schritt.

Wenn es nicht so ernst wäre, müßte man über soviel Inkonsequenz und Schizophrenie ja lachen: Derselbe Mensch, der sich als aufgeklärt bezeichnet und die Existenz Gottes und des Satans in die Geisterwelt des Mittelalters einordnet, hat Angst vor schwarzen Katzen und orientiert sich am steinzeitlichen Aberglauben der Astrologen. Der härteste Atheist zuckt zusammen, wenn er im Hotel auf Zimmer Dreizehn einquartiert wird oder die Kartenlegerin auf der Kirmes Unglück prophezeit.

Wirklich aufgeklärte Menschen wissen natürlich, daß Astrologie im zwanzigsten Jahrhundert ein Zeichen völliger geistiger Rückständigkeit und ein Rückfall in den krassesten Aberglauben ist. Aber dennoch erlebt die alte Astrologie, der ja ein längst überholtes Weltbild zugrunde liegt, eine neue Konjunktur. Der Renner im Buchhandel ist derzeit die »esoterische« Literatur. Gemeint sind okkulte Machwerke, die wie Pilze aus dem Boden schießen. In Millionenauflage werden sie unters Volk gebracht und erwartungsvoll gekauft. Ein französischer Verleger veröffentlichte unlängst den astrologischen Klassiker »Nostradamus«. Er rechnete mit einer Höchstauflage von 8000. Genau das Zehnfache setzte er allein in der ersten Erscheinungswoche um.

»An die Stelle, die früher einmal das Losungsbuch mit seinen Bibelworten einnahm, ist für viele die regelmäßige Lektüre des Wochenhoroskops getreten«, ermittelte die Evangelische Zentralstelle für Weltanschauungsfragen (EZW) in Stuttgart. Und sie stellt weiter fest: Auch Vertreter einer »alternativen Landwirtschaft«, die »biologisch-dynamischen« Ackerbau betreiben, stehen nicht selten unter dem Einfluß der Astrologie. Sie gehen nämlich zum Teil vom Eingebundensein von Saat und Ernte in »kosmische Beziehungen« aus. In Teilen der Alternativszene wird eine Geschichtsphilosophie vertreten, die den Anbruch des »Zeitalters des Wassermannes« erwartet. Diese Epoche, so wird den »Aussteigern« verheißen, sei geprägt von Freiheit, totaler Herrschaftslosigkeit, einem neuen Naturverhältnis, einer anderen Gesellschaft und einem neuen Staat – am besten überhaupt keinem.

Hier haben wir es also wieder: Das sehnsuchtsvolle Fragen nach der Zukunft schreit nach Antwort. Man läßt sich die kommenden Zeiten in schillerndsten Farben malen. Die Hoffnungsangebote werden aufgesogen wie Wasser von einem ausgetrockneten Schwamm. Und sei es der irrationale Schabernack der Horoskope oder die erkaufte Quacksalberei der Wahrsager. Man greift nach jedem Strohhalm, weil die ungelöste Zukunftsfrage unheimlich ist und beantwortet werden *muß*.

Wenn heute wohl jeder ernstzunehmende Denker die Unwissenschaftlichkeit von Horoskopen und Wahrsagerei behauptet (obwohl ja viele danach leben!) und dieses als Erkenntnis unseres Jahrhunderts feiert, kann der Christ nur voll Staunen auf seinen Glauben verweisen. Denn bereits Jahrtausende vor den revolutionären Entdeckungen der modernen Naturwissenschaft und den denkerischen Meisterleistungen der Erfinder schreibt das Wort Gottes: »So hört doch nicht auf eure Wahrsager, Traumdeuter, Zeichendeuter und Zauberer..., denn sie weissagen euch Lüge« (Jer 27,9f.). Es ist ja gerade der biblische Glaube an den lebendigen Gott, der uns aus der angstmachenden Geisterwelt des Altertums befreit: »So spricht der Herr: Ihr sollt nicht den Gottesdienst der Heiden annehmen und sollt euch nicht fürchten vor den Zeichen des Himmels, wie die Heiden sich fürchten« (Jer 10,2). Auch das ist Evangelium: Ihr seid frei von der Herrschaft kosmischer Mächte und heidnischer Zauberei. Deshalb ist die heutige Hochkonjunktur der Astrologie nichts anderes als ein Rückfall ins finsterste Heidentum.

Auch freigewordene Christen werden vielfach wieder zu Sklaven ihrer astrologischen Horoskop-Religion. Talismane und Maskottchen werden genauso gebraucht wie »Toi, toi, toi« und »Dreimal auf Holz klopfen«. Man trägt sein Sternzeichen um den Hals und oft das Kreuz gleich an demselben Kettchen dabei. Die Verharmlosung des Okkulten und das »Spiel mit dem Feuer« hat schon manches Christenleben und manche Gemeinde zerstört. Ein mit Sterndeuterei geführtes Leben endet meist in sklavischer Abhängigkeit und quälender Angst. »Wer stets nach den Sternen aufblickt, wird bald auf der Nase liegen«, sagt ein altes schottisches Sprichwort.

Übrigens: Das Gegenstück von Glauben ist nicht Wissen, sondern Angst! Den Glauben an Gott hat man weggeworfen und sich dem Teufelswerk des Okkultismus unterworfen. Welch ein grausamer Tausch!

> »Glaube, dem die Tür versagt,
> steigt als Aberglaub' durchs Fenster.
> Wenn die Gottheit ihr verjagt,
> kommen die Gespenster.«
>
> (Emanuel Geibel)

Traumfabrik »Zukunft«

Niemand will in eine ungewisse Zukunft gehen. Hoffnungslosigkeit zieht Angst nach sich. Deshalb ist eine ganze Menschheit damit beschäftigt, die Frage nach der Zukunft zu lösen. Ob
Optimismus oder Pessimismus – es geht um die Überwindung
der zermürbenden Ungewißheit.

Und was hat man sich schon alles erträumt! Thomas Morus
hat vor fast 500 Jahren einer ganzen Literaturgattung den
Namen gegeben. Von einer Insel aus wollte er die neue Welt
bauen. Eine Welt ohne Krieg und Haß, ohne Klassen- und
Rassengegensätze, ohne Lüge und Qual. »Neue Insel Utopia« –
so hieß dieses Schlaraffenland, von dem bis in unser Jahrhundert hinein die Utopisten träumen.

Im 17. Jahrhundert schrieb der Dominikaner Tommaso
Campanella seinen »Sonnenstaat«. Dort müssen die Menschen
nur noch vier Stunden täglich arbeiten, und doch ist alles
überreich vorhanden. In diesem vollendeten Kommunismus
sind selbst – wie schon in Platons »Politeia« (Staat) – die Frauen
allen gemeinsam. Auch die »Nova Atlantis« des 1626 verstor-
benen britischen Lordkanzlers und Philosophen Francis Bacon
ist ein sorgenfreies Schlaraffenland. Der Staat teilt dort mit
vollen Händen aus.

Ende des 19. Jahrhunderts verfaßte der amerikanische Sozia-
list Edward Bellamy seine Utopie »Rückblick aus dem Jahr
2000 auf 1887«. In allen Einzelheiten beschreibt er seinen
kommunistischen Traumstaat: »Niemand sorgt mehr für den
kommenden Tag; denn die Nation verbürgt die Ernährung und
den behaglichen Unterhalt jedes Bürgers von der Wiege bis
zum Grabe ... Die Menschheit hat ihre Puppenhülle durchbro-
chen: Der Himmel liegt vor ihr.«

Karl Marx wollte den neuen Menschen erziehen, der dann
die neue Welt baut. »Neue Menschen brauchen wir«, schrieb er
1843 an Ludwig Feuerbach. Adolf Hitler hat das Tausendjähri-
ge Reich verheißen; Millionen hat diese Zukunftsperspektive
mitgerissen, und man hat den rechten Arm für den Heilsbringer
hochgerissen.

Mao Tse Tung verkündete eine weltweite, goldene Zukunft:
»Die Welt schreitet vorwärts, die Zukunft ist glänzend, und
niemand kann diese allgemeine Tendenz der Geschichte än-

dern.« Der Sozialismus verspricht Selbstentfaltung durch Anti-autorität und die heile Welt durch Umverteilung der Güter.

Ernst Bloch nennt die Zukunftshoffnung der Christen ein »Warten auf den St. Nimmerleinstag« und Gott einen »Vitzli-Putzli-Nonsens«. Hoffnung wird bei ihm zum Prinzip erhoben. Die Zukunft wird vom Drängen der Materie und den Aktionen des Menschen erwartet. Im Moskauer Lehrbuch »Grundlage des Marxismus-Leninismus« liest sich das so: »Der Kommunismus bringt den endgültigen Triumph der menschlichen Freiheit mit sich. Der Staat ist dann nicht mehr notwendig.«

In seinem Bucksberger Glaubensbekenntnis meint der Philosoph Ludwig Feuerbach: »Ich glaube an den Menschen. Ich glaube an den Heiligen Geist des Fortschritts.« In der Aufbau- und Wohlstandsgesellschaft der Nachkriegsjahre sprudelte der Zukunftsoptimismus nur so. Forscher und Denker, Konstrukteure und Arbeiter, Lehrer und Schüler – sie alle beflügelte die Hoffnung auf eine menschen-machbare Zukunft. Faszinierende Entwürfe für das Jahr 2000 entstanden auf dem Reißbrett: Städte unter riesigen Zelten in den Polarzonen, Häuser mit eigenen Miniaturkraftwerken, Industrieanlagen ohne jegliche Luftverschmutzung. Noch im Jahre 1950 schrieb Professor Low in seinem Buch »So wird es kommen«: »Krankheiten werden durch einen Elektronenarzt diagnostiziert; Ersatzteile für alle kranken Glieder und Organe des menschlichen Körpers werden griffbereit eingelagert; ja, jeder Mensch wird viel Zeit und wenig Arbeit haben.«

Bereits heute ist die Lebenserwartung eines Mitteleuropäers um 40 Jahre höher als um 1800. Die durchschnittliche Lebensdauer liegt bei 70 Jahren und soll im nächsten Jahrhundert verdoppelt werden. Babys aus der Retorte und gen-manipulierte Wunderkinder sind schon längst kein bloßer Traum mehr. 1973 ist es dem Kölner Arzt Konstantin Hermann gelungen, bei einem Tierexperiment den Tod rückgängig zu machen.

Die Zeit der Macher

Was könnte also dem Glück des Menschen entgegenstehen? Gehen wir nicht eigentlich in eine rosige Zukunft? Und flinke Ideologen waren schnell zur Hand, einen neuen Glauben zu zimmern. Das neue Credo heißt: Fortschrittsglaube, Zukunftsglaube, Vollendungshoffnung.

Selten wohl war in dieser Welt ein Jahrzehnt so voll unbegrenzter Hoffnungen wie die 60er und beginnenden 70er Jahre unseres ausgehenden zwanzigsten Jahrhunderts. Der Optimismus sprudelte auf fast allen Gebieten: Politik, Technik, Wirtschaft und Wissenschaft. Millionen Menschen einte der Glaube an eine machbare Zukunft. Computer, Weltraumfahrt und Atomenergie galten als Gipfel des Triumphes. Selbst das Glück schien als Produkt menschlicher Vernunft und Leistung machbar.

Die heile Welt lag zum Greifen nahe. Man mußte nur die Ärmel hochkrempeln nach dem Motto: Es gibt viel zu tun, packen wir es an. Die Zeit der Macher, der Selbermacher begann. Getreu dem sozialistischen Idealbild vom neuen Menschen, der eine neue Gesellschaft baut. Alles schien in die Möglichkeiten menschlichen Könnens gestellt: Wohlstand, Frieden, Gesundheit und Zufriedenheit. Und der neue Glaube bekleidete sich gleich mit neuen Wortkreationen aus der Requisitenkammer der Manipulation*. Chancengleichheit und Lebensqualität wurden zum Schlagwort.

Das Symbol des trügerischen Machbarkeitsglaubens steht am New Yorker East River vor dem UNO-Gebäude. Das eindrucksvolle Denkmal ist eine Stiftung der Sowjetunion. Es ist geradezu das epochale Zeichen menschlicher Hybris, die die Geschicke der Welt in die eigenen Hände nehmen will – ein sichtbares Zeichen der marxistischen Wahnidee von der Selbstvergottung des Menschen. Die Plastik stellt eine Szene aus Jesaja 2 (Vers 4) dar, wo es heißt: »Da werden sie ihre Schwerter zu Pflugscharen und ihre Spieße zu Sicheln machen.«

An der entscheidenden Stelle ist hier die biblische Prophezeihung verändert – eine Perversion der christlichen Hoffnung. Auf dem Denkmal hämmert nämlich ein muskulöser Mann mit seiner wuchtigen Körperkraft aus einem Schwert einen Pflug. Der Weltfrieden ist also machbar. Menschen-machbar. Welch trügerische Hoffnung! Genau an dieser Stelle entlarvt sich auch die »Friedensbewegung« als Ideologie und damit als antichrist-

---

* Dazu ausführlich: Peter Hahne, Die Macht der Manipulation, Edition-C-Taschenbuch, T 110

lich. »Anti« im Sinne von: anstatt. Wenn ich den Weltfrieden für menschen-machbar halte, brauche ich den Vollender Christus nicht mehr und stehe damit eindeutig im Widerspruch zur Bibel.

An die Stelle Gottes setze ich den Menschen, den Macher. Getreu den Worten Heinrich Heines: »Wir wollen hier auf Erden schon das Himmelreich errichten. Zuckererbsen für jedermann, bis die Schoten platzen. Den Himmel überlassen wir den Engeln und den Spatzen.« Was brauchen wir noch Gott, wenn wir alles selber machen können?! Gott, ohnehin zum Nothelfer degradiert, konnte man vergessen. Im Rausch des Fortschrittsglaubens verkümmerte die biblische Zukunftshoffnung bis zum Nullpunkt. »Noch nie in der Geschichte«, so Alt-Apo Rudi Dutschke, »war die Möglichkeit der Realisierung (des Menschheitstraumes vom Garten Eden) so groß.« Ja, die 60er Jahre hatten's in sich. Die Zeit der Macher.

Vom Zukunftsrausch zum Gegenwartskater

Und heute? Was ist geblieben von den aufgeblasenen Illusionsluftballons? Zerplatzt sind sie! Wo sind denn die utopistischen Luftschlösser? Eine ruinöse Trümmergesellschaft kennzeichnet statt dessen unsere Zeit. Himmelhoch jauchzend – so trat man ein in das verheißene goldene Zeitalter. Zu Tode betrübt – so ist man in die 80er Jahre hinübergegangen. Als hätte man einen Rausch ausgeschlafen, reibt man sich die Augen, blinzelt in die Zukunft und fragt bange und flüsternd: Wie können wir überleben? Gibt es noch etwas zu hoffen? Der utopistische Zukunftsrausch ist längst dem realistischen Gegenwartskater gewichen.

Der neomarxistische Philosoph Ernst Bloch schrieb Ende der 50er Jahre sein dreibändiges Hauptwerk »Das Prinzip Hoffnung«. Seine Thesen hatten bis vor kurzem noch beflügelnde Kraft. Sie gaben den schwärmerischen Machern das ideologische Fundament. Und wie schon die Schlange im Paradies, so umgarnt auch die atheistische Philosophie den eitlen und geltungssüchtigen Menschen: Du wirst sein wie Gott. Gott, der Schöpfer und Vollender der Welt, wird auf dem Altar des »Prinzips Hoffnung« geopfert. Die Verantwortung für diese

Welt wird ganz in die Hände des Menschen gelegt, nachdem man Gottes Hände entmachtet hat.

Bloch schreibt: »Die Wurzel der Geschichte ist der arbeitende, schaffende, die Gegebenheiten umbildende und überholende Mensch.« »Der Mensch lebt noch überall in der Vorgeschichte«, schließt er sein Hauptwerk, »ja, alles und jedes steht noch vor Erschaffung der Welt, als einer rechten.« Der Mensch braucht also nur noch die Bausteine zum Zukunftshaus richtig aufeinanderzuschichten, und schon ist das Paradies auf Erden im Do-it-yourself-Verfahren errichtet. So einfach schien das alles. Und Millionen – bis hin zu theologischen Kathedern und kirchlichen Jugendkreisen – ließen sich mitreißen.

Heute jedoch glaubt man seinen Augen nicht zu trauen, wenn man Ernst Blochs Visionen liest: »Wie die Kettenreaktionen auf der Sonne uns Wärme, Licht und Leben bringen, so schafft die Atomenergie in der blauen Atmosphäre des Friedens aus Wüste Fruchtland, aus Eis Frühling. Einige hundert Pfund Uranium und Thorium würden ausreichen, die Sahara und die Wüste Gobi verschwinden zu lassen, Sibirien und Nordkanada, Grönland und die Antarktis zur Riviera zu verwandeln. Sie würden ausreichen, um der Menschheit die Energie, die sonst in Millionen von Arbeitsstunden gewonnen werden mußte, in schmalen Büchsen, höchstkonzentriert, zum Gebrauch fertig darzubieten.«

Man bedenke: bis vor kurzem berauschte man sich noch an solchen Zukunftsträumereien. Heute heißt die Devise: Aus der Traum! Und Klaus Scholder bemerkt: »Bloch geht so unbefangen mit der Atomenergie, mit Wüsten und Eiszonen um, als gäbe es weder Strahlungs- noch Klimaprobleme und als wüßten wir nicht, daß schon geringfügige globale Temperaturschwankungen unübersehbare Folgen für das Erdklima haben können.«

Das ganze marxistische Kartenhaus vom grenzenlosen Fortschritt ist in sich zusammengebrochen. Nur ideologische Schlafwandler haben das immer noch nicht begriffen und träumen weiter. Die Zukunftserwartung von Karl Marx ist jener Tag, an dem »die Gesellschaft auf ihre Fahnen schreiben kann: jeder nach seinen Fähigkeiten, jeder nach seinen Bedürfnissen«. In dieser Perspektive übrigens, ohne die keine marxistische Zukunftsverheißung Bestand hätte, finden sich die heutigen grünbunten Alternativreligionen allesamt wieder. Obwohl der berühmte Meadows-Bericht (1976) den Wachstumsfanatikern Besessenheit bescheinigt und meint: »So ein Zustand [der Überflußgesellschaft] ist nur leere Utopie.«

An eine sozialistische Zukunftsgesellschaft ohne Armut, Not und Unterdrückung glaubt wohl nur noch eine Minderheit. Aber diese hat im freien Westen mehr Anhänger als in den östlichen Ländern, die unter der menschenverachtenden Diktatur des »real existierenden Sozialismus« leben und leiden müssen. In seinem 1974 veröffentlichten und immer noch hochaktuellen Bestseller »Was kommt auf uns zu?« (Hänssler, Telos-TB, S. 802) schreibt Gerhard Bergmann: »Zwar beabsichtigte Marx, das Proletariat in das Land der goldenen Freiheit und sozialen Gerechtigkeit zu führen – und zwar mit wissenschaftlicher Notwendigkeit. Aber unter der Knute der modernen Sklavenhalter des 20. Jahrhunderts sind sie gelandet. Dennoch wird heute der Traum von der klassenlosen kommunistischen Gesellschaft unkritisch gegen sich selbst weitergeträumt, anstatt sich ernsthaft zu fragen: Was ist am Fortschrittsglauben eines Marx und des Marxismus falsch?« (S. 15).

Der »Club of Rome« ernüchterte die Fortschrittsberauschten 1972 mit der wachrüttelnden Studie »Die Grenzen des Wachstums«. Plötzlich wurde deutlich, daß es eben auf einem begrenzten Planeten kein unbegrenztes Wachstum geben kann; weder der Bevölkerung noch des Rohstoffverbrauchs oder der Umweltbelastung durch Schadstoffproduktion. Eine epochale Wende der Zukunftserwartung wurde eingeläutet.

Es sind keine Miesmacher, sondern realistische Experten, die den Zustand der heutigen Welt und den Verlauf der kommenden Zeiten düster malen. Bereits 1969 sagte der damalige UNO-Generalsekretär U Thant: »Ich will die Zustände nicht dramatisieren. Aber nach meinen Informationen werden die Probleme derartige Ausmaße erreichen, daß ihre Bewältigung menschliche Fähigkeiten übersteigt.« Der Traumballon der Zukunftsmacher ist also wie eine Seifenblase zerplatzt.

Schon U Thants Vorgänger Dag Hammarskjöld, ein überzeugter Christ, hatte gewarnt: »Wir gehen dem sicheren Ende entgegen, wenn es keine geistliche Neugeburt gibt.« Da muß uns also ein Politiker der Weltspitze daran erinnern, daß

Zukunft ohne Gott unmöglich ist! Guido Brunner, damals EG-Kommissar für Energiefragen, sagte 1979: »Wir sind im Begriff, unsere Zukunft zu verspielen.« In seiner Abschiedsrede als Bundespräsident meinte Walter Scheel im selben Jahr geradezu beschwörend: »Nur wenn wir unser Verhalten ändern, werden wir unsere Zukunft bewältigen.«

Bei der jährlichen Tagung der Weltspitzenmanager im Schweizer Wintersportort Davos meinte unlängst ein Experte der Wirtschaft: »Wer heute nicht Angst vor der Zukunft hat und bei den Aussichten resigniert, der ist dumm. Der weiß nicht, was die Stunde geschlagen hat.« Ohne Widerspruch und Kritik konnte ein bekannter Spitzenmanager vor 500 Wirtschaftsführern folgendes Bild für unsere Zeit gebrauchen: »Stellen Sie sich vor, Sie fahren mit Ihrem Auto auf einer eisglatten, abschüssigen Straße. Plötzlich schleudert der Wagen und Sie müssen abbremsen. Aber umsonst: die Bremsen funktionieren nicht. Sie versuchen, gegenzusteuern. Auch das ist umsonst: die Räder reagieren nicht. Alle bekannten und gelernten Möglichkeiten und Mittel versagen – und mit offenen Augen schleudern Sie in die Katastrophe hinein. Das ist die Lage, in der wir uns zur Zeit befinden. Keine Rechnung geht mehr auf.«

Die Zeitanalysen der Literatur zeichnen immer dunklere Farben. Der freudige Optimismus hat längst der Angst vor der Zukunft Platz gemacht. Die träumerischen Erwartungen vom Goldenen Zeitalter sind enttäuscht worden. Geblieben ist der bittere, lähmende Pessimismus. Ernüchtert greifen plötzlich junge französische Intellektuelle, allesamt von der radikalen Linken kommend, zur Feder und schlagen einen Karl Marx mit dessen eigenen Waffen. *Sein* System sei nämlich »ein Opium des Volkes« – und nicht der christliche Glaube. Wie sich die Zeiten ändern!

Nüchtern geworden aus dem Zukunftsrausch sind heute die meisten ehemaligen Träumer. Bleibt nur die Frage, wie sie mit dem Gegenwartskater fertig werden wollen. Rückzug in die Resignation ist heute an der Tagesordnung. Der Erlanger Theologe Professor Slenczka spricht von einer Angstepidemie: »No future – das ist ein Ausdruck von Sorge und Angst. Sie überfallen den Menschen und beherrschen ihn. Sie sitzen nicht im Kopf, sondern im Herzen und damit im Lebenszentrum.

Sorge und Angst wirken ansteckend, sie sind geradezu epidemisch.« Angst breitet sich wie ein Flächenbrand aus. Aber keiner scheint dazusein zum Löschen, zum Motivieren.

Mit solchen »Schlaffies« kann man jedoch erst recht keine Zukunft gestalten. »Anstelle jugendlichen Elans ist vielfach Schlaffheit getreten. Eine resignierte Generation ist herangewachsen. Ja, es gibt bereits eine neue Wortschöpfung: ›Schlaffie‹ heißt der junge Mensch, der ›herumhängt‹, keine Initiative zeigt, lustlos ist«, schreibt der Hamburger Erziehungswissenschaftler Professor Michael Dieterich.

Annette, der »blonde Engel mit dem kalten Herzen« der Pop-Gruppe »Ideal«, singt: »Da leg' ich mich doch lieber hin, denn so hat alles keinen Sinn. Ich träum', daß alles anders wird, daß endlich was passiert.« Dieser Text paßt so gut auf die Grundstimmung unserer »Schlaffie- und Katergesellschaft«, daß er gleich neue Rekorde aufstellte: über eine Million Platten in nur 1½ Jahren.

Unsere Gesellschaft krankt an der mangelnden Initiative des einzelnen. Elisabeth Noelle-Neumann vom Allensbacher Institut nennt in einer Ende September 1984 fertiggestellten Studie die Deutschen ein »Volk auf dem Weg zur Faulheit«. Während z. B. in Israel 79 % der Arbeiter erklären, ihre ganze Kraft für die Gesellschaft einzusetzen, sind es bei uns ganze 42 %. Hier werden also bereits die Auswirkungen einer Zeit, die Zukunft und Hoffnung verloren hat, meßbar. Die »Null-Bock-Mentalität« ist die notwendige Folge des Sinnverlustes. Wenn die Zukunft ohnehin verbaut ist, kann als Lebensmotto die Parole gelten: Es gibt viel zu tun, lassen wir es liegen.

Inzwischen müssen selbst die Künder der Resignation erkennen, daß ihre Botschaft eine »Ohne-mich-Bewegung« der »Aussteiger« in Gang gesetzt hat. In einer denkwürdigen Rede meinte Bundeskanzler Helmut Kohl: »Jene, die als falsche Propheten auf mancherlei Kathedern und Kanzeln stehen und ihren Kulturpessimismus über unsere Zeitgenossen ausgießen, verdienen zwar persönlich sehr gut dabei, aber sie leisten keinen Beitrag zur Zukunft unseres Landes.«

Hoffnungslosigkeit erzeugt Angst. Und Angst lähmt die Initiative. Wenn es nichts mehr zu hoffen gibt, lohnt sich auch keine Anstrengung. Bleibt die Flucht ins Ich, so daß der amerikanische Gesellschaftskritiker Tom Wolfe zu recht vom

»Jahrzehnt des Ich« (»The Me-Decade«) sprechen kann. Unsere müde Kultur ist Ergebnis der Resignation und damit Kennzeichen der Zukunftslosigkeit. Zukunftslosigkeit aber ist Ziellosigkeit, und diese geht zurück auf Hoffnungslosigkeit. Ein teuflischer Kreislauf.

Der bekannte Industrielle und engagierte Christ Dr. Siegfried Buchholz schreibt: »Wenn schon junge Menschen resignieren, dann ist das für die gesamte Gesellschaft existenzgefährdend. Der für uns alle düsterste und gefährlichste Aspekt dieses Problems ist die Tatsache, daß es heute immer mehr junge Menschen gibt, die sich zwischen ›ohne mich‹ und ›nein danke!‹ angesiedelt haben.«

Die Glaubensbekenntnisse unserer Zeit sieht man an den Häuserwänden. Und diese Sprühflaschenphilosophie deckt den jetzigen Zustand einer ehemals hoffnungsmotivierten Generation radikal auf. »No future« steht da, »no hope«. An einem Erlanger Bauzaun konnte man lesen: »Die Zukunft wird wegen mangelnder Beteiligung abgesagt.« Verschiedene Parolen, die immer dasselbe ausdrücken: Protest gegen das Bestehende in der Gegenwart und Angst vor dem Kommenden in der Zukunft. »No future« lautet das »Zeitgefühl in knappester Zusammenfassung« (R. Slenczka).

»Macht kaputt, was euch kaputtmacht« – Zerstörung als Heilmittel? Auf einer Besucherbank im Deutschen Bundestag hat jemand ungelenk, aber deutlich eingeritzt: »Legal, illegal, scheißegal.« Eine Gesellschaft ohne Hoffnung ist auch immer ohne Werte, Maßstäbe und Orientierung. »Wenn Gott nicht existierte, so wäre alles erlaubt,« schrieb schon Dostojewski.

»Ich gehe kaputt, gehst du mit?« heißt es auf einem Meinungsknopf. Ideologie endet in Resignation oder in Terrorismus. Denn wo nichts mehr zu hoffen ist, kann man »abtauchen« oder auch alles zerstören – und sich selbst gleich mit. Einer der besten Kenner der Radikalenszene, der frühere Hamburger Verfassungsschutzpräsident Horchem, hat unlängst auf den entscheidenden Unterschied der heutigen »Alternativszene« zur Studentenbewegung der späten 60er Jahre hingewiesen. Damals sei – nach dem Motto: soll das alles sein? – die revolutionäre Veränderung der Gesellschaft das Motiv für Aktionen gewesen. Man wollte etwas – wenn auch

Falsches – aufbauen. Heute, so Horchem, steigt man aus, »und den Abgang begleitet man mit lautem Türenschlagen«.

»No future« – das ist die Parole für schleichenden Tod und systematische Selbstzerstörung. Von daher ist es gar nicht verwunderlich, wenn »Grüne« gleichzeitig für Abbau des Waldsterbens und Ausbau der Abtreibungsfreigabe eintreten, oder die Haschisch-Freigabe im gleichen Atemzug mit Luftverschmutzungsverbot nennen.

Man macht eben das, wozu man gerade Lust hat. Unter dem verführerischen Etikett »Selbstverwirklichung« verschwendet man sein Leben und opfert das der anderen. Zutreffend meint der berühmte Wiener Psychotherapeut Victor E. Frankl: »Der Rummel um die Selbstverwirklichung ist ein Symptom des Scheiterns. Selbstverwirklichung sucht nur derjenige, der unfähig ist, den Sinn seines Lebens in etwas anderem zu finden als in seinem Egoismus.«

So wird das Lustprinzip zum Dogma der Hoffnungslosen. Und Trieberfüllung wird mit Sinnerfüllung verwechselt. Die Pop-Gruppe »DAF« ruft zur totalen Lustbefriedigung auf: »Nimm, was du willst, solange du noch kannst. Verschwende deine Jugend. Tu', was du willst!«

Etappenfahrt der Enttäuschungen

Die großangelegte Studie »Jugend '81« beweist: das vorherrschende Gefühl unserer Tage ist der Pessimismus. Technik und Chemie werden die Umwelt gänzlich zerstören, meinen 76% der Befragten. 50% rechnen mit einem Untergang der Welt durch einen Atomkrieg. Aber interessant ist, daß nicht nur äußere Einflüsse Ursachen der Hoffnungslosigkeit sind. Vielmehr fürchten sich junge Leute heute vor dem seelischen Erfrierungstod im Eisschrank einer kalten Welt. 60% gehen nämlich davon aus, daß sich die Menschen immer mehr isolieren werden und nur noch an sich denken.

Die Urangst der Ungeborgenheit wird lebendig. Man lebt gleichgültig und teilnahmslos nebeneinander her. »Kein Mensch kennt den andern. Jeder ist allein«, schreibt Hermann Hesse. Und der große alte Mann der deutschen Sozialdemokratie, Georg Leber, bilanziert: »Vieles ist kälter geworden; und die Solidarität läßt nach.« Die britische Pop-Gruppe »Clash« drückt das so aus: »Ich fahr' mit der U-Bahn und such' ein Zuhause. Dieser Zug führt mich in diese Gegend, jener in eine andere. Der Wind pfeift durch die verlassenen Häuser, sucht auch ein Heim. Ich irre durch die leeren Wände, bin ganz allein.«

Der Mensch ohne Hoffnung ist der Mensch ohne Heimat. Ohne Geborgenheit und Wärme. Wo keine Zukunft ist, da ist auch keine Kraft. »Weh' dem, der keine Heimat hat« (Nietzsche).

Genau das, was der Atheist Ernst Bloch mit seinem »Prinzip Hoffnung« übertünchen wollte; was die neomarxistische Frankfurter Schule mit ihrer »Kritischen Theorie« der Abschaffung Gottes zugunsten der Inthronisation des Menschen überspielen wollte; genau das ist jetzt aufgebrochen: Der Mensch schlafft ab, weil er *innerlich* leer ist. Er schreit »no future!«, weil sein *persönlicher* Lebenskreis immer enger wird. Er sucht in der Isolation seiner eigenen vier Wände etwas Wärme, weil er in der kalten Welt friert.

Ich bin es ja, der keine Lehrstelle bekommt. Ich bin es ja, der sinnlos studiert, um jenseits des Examens auf der Akademikerschwemme zu landen. Ich bin es ja, der ohne Arbeit ist. Der einen Berufsweg einschlagen muß, den ich eigentlich gar nicht will. *Meine* Zukunft ist ja verbaut. Ich bin es, der dauernd aus dem Tritt kommt ...

Ja, es stimmt: Morgen für Morgen knote ich meinen Lebenskahn los und rudere mit sehnsuchtsvollen Schlägen auf die Höhe des Hoffnungsmeeres. Und abends liege ich im Bett und ziehe Bilanz: Auch dieser Tag hat es wieder nicht gebracht. Und dieses dauernde Pendeln zwischen Erwartung und Enttäuschung wird zum bleibenden Rhythmus eines hoffnungslosen Lebens.

Der alte Mann und das Meer – das ist unsere Geschichte. Vielleicht deine Geschichte. Nur willst du es nicht wahrhaben. Du hast die Maske des Optimisten aufgesetzt. Aber innerlich bist du längst kaputt. Du bewahrst krampfhaft die Fassade, aber nachts kannst du nicht einschlafen, weil alles so sinnlos ist. »No future« – das läßt du die anderen schreiben, und es ist doch das Thema deines Lebens ...

Eine Rock-Gruppe drückt das so aus: »Froh sein ist leicht,

wenn man erreicht das ersehnte Ziel. Wie bitter jedoch, wenn stets nur ein Loch, wo Sehnsucht versinkt und anschließend stinkt. Man weiß nicht wohin. Da fragt man sich: hat das Leben noch Sinn?« So kann man nicht existieren, höchstens vegetieren.

Also muß man heraus aus der No-future-Mentalität. Und der Erfindungsreichtum der Ängstlichen ist grandios. Die einen resignieren, lassen sich hängen. Die anderen packt die nackte Wut. Denn, so der Psychotherapeut Victor E. Frankl, »in das existentielle Vakuum wuchern aggressive Impulse«. Oder wie der Filmregisseur Marcello Mastroianni meint: »Das Problem der heutigen Jugend liegt darin, daß sie sich nicht als Baufirma, sondern als Abbruchunternehmen versteht.« »Macht kaputt, was euch kaputtmacht!« lautet die Parole.

Oder man ergreift die Flucht. Ein Whisky in der Hand läßt selbst einen Schwächling stark erscheinen. Denn es sind ja bekanntlich harte Männer, die ihn trinken. Die Sexualität pervertiert zum Hochleistungssport, und die Drogen sollen wenigstens für Stunden die quälenden Fragen vergessen machen. Was bleibt, sind menschliche Wracks.

Nochmal Annette von der Gruppe »Ideal«. Sie hält die Moral für überholt und beklagt sich bei ihrem Freund: »Du machst mich ganz irre. Heute liebst du mich total, und morgen kannst du mich nicht seh'n, und übermorgen ist es dir egal.« Wenn das zum Lebensprinzip wird, dann stimmt unsere Gleichung: Ohne Hoffnung leben heißt, ohne Ziel leben. Zielloses Leben aber ist ein Leben ohne Orientierung. Ein Mensch ohne Orientierung aber ist haltlos. Er wird hin- und hergeworfen auf den Wogen des Zeitgeistes und treibt hilflos im Strom selbstgesetzter Ideale.

Man kann das auch ganz bürgerlich tun. Man lebt von Etappe zu Etappe und hofft, daß es später einmal besser wird. Das Kind sagt: Wenn ich erst groß bin und zur Schule komme ... Der Schüler träumt davon, endlich dem Leistungsdruck zu entfliehen und die Freiheit des selbstgewählten Berufes zu genießen. Dann steht man vor den verschlossenen Türen des Arbeitsmarktes und redet sich ein: Eines Tages wird es soweit sein; dann kommt die große Karriere. Aber erst einmal kommt die große Liebe. Und die geht auch schnell wieder in die Brüche. Später, wenn die Familie da ist und der Berufsalltag zum lästigen Trott wird, dann sagt man sich: Wenn die Kinder aus dem Haus sind und die Pensionsgrenze überschritten ist, dann bin ich am Ziel meiner Träume. Dann heißt es, den Lebensabend genießen. Und schließlich sitzt man da; die Kräfte lassen nach; der Ehepartner ist gestorben; die Kinder haben einen abgeschoben. Und auf dem Sterbebett fragt man flüsternd mit fiebrigen Lippen: Habe ich noch Hoffnung?

Da geht man von einer Pleite zur anderen. Die Hoffnungen zerplatzen wie Seifenblasen. Und bei dem Wort »Zukunft« erschrickt man. Günter Grass, sonst beredter Propagandist des neomarxistischen Fortschrittsoptimismus, bezeichnet sich als »Familienvater, dessen Kinder in eine Welt hineinwachsen, die notorisch falsche Hoffnungen macht, doch – gründlich geprüft – ohne Hoffnung ist.« Den Optimisten ist ein Scherbenhaufen geblieben. Die Zukunft scheint verriegelt. Die Hoffnung ist abhanden gekommen.

Peter Maffay ist einer der auflagenstärksten deutschen Schlagerinterpreten. Mehrfach erhielt er schon die »Goldene Europa«, die begehrte Schlagertrophäe des Saarländischen Rundfunks. In einem Interview betont er, daß seine Texte meist einen realen Hintergrund haben. So auch das Lied »Mein Kind«. Darin heißt es: »Mein Kind, ich weiß, du stehst vor mir an einem fernen Tag und fragst mich: Warum habe ich dir das alles nicht erspart.« Der Text stammt von Chris, der jungen Frau des Sängers. Und der Anlaß ist erschütternd. Peter Maffay: »Das Lied hat einen sehr realen Hintergrund. Wir haben eine Schwangerschaft bei Chris unterbrechen lassen, um unserem Kind diese Welt zu ersparen.«

Abtreibung als Antwort auf die Sinnlosigkeit? Da zieht einer Millionen Fans in den Bann seiner Musik. Er gilt als populärster deutscher Interpret. Seine Titel gehen um den Erdball. Er hat die oberste Sprosse der Karriereleiter längst erreicht. Ihm fehlt es an nichts. Wirklich? Das Entscheidende fehlt: Hoffnung für die Zukunft. Echte Freude an echtem Leben. ». . . um unserem Kind diese Welt zu ersparen.« Abtreibung als Antwort auf »No future«? Eines ist sicher: Wenn die Welt für meine Kinder nicht mehr hoffnungsvoll ist, dann gilt das auch für mich. Bankrott als Lebensbilanz.

Bert Brecht schreibt: »Ich gestehe es: ich habe keine Hoffnung. Die Blinden reden von einem Ausweg – ich sehe. Wenn die Irrtümer verbraucht sind, sitzt als letzter Gesellschafter uns das Nichts gegenüber.« Bei einem solchen Ziel sind die Lebensetappen Selbstmord auf Raten.

Daß man mit einer solchen No-future-Mentalität nicht leben kann, erkennt auch der Philosoph Martin Heidegger: »Wenn Gott als der übersinnliche Grund und das Ziel alles Wirklichen tot ist . . ., dann bleibt nichts mehr, woran der Mensch sich halten und wonach er sich richten kann . . . Der Nihilismus, ›der unheimlichste aller Gäste‹, steht vor der Tür.«

Blattgold oder Sprühflasche?

Es war in Freiburg. Mein Hotel liegt nahe der Universität. Vor dem Vortrag ein kurzer Spaziergang zum Münster. Auf dem Rückweg komme ich an dem prächtigen, roten Sandsteinbau der Hochschule vorbei. Lange stehe ich davor und betrachte die Fassade. Alle Parolen, über die wir nachgedacht haben, sind an die Wände gesprüht. Eine faßt das zusammen, was man als Grundgefühl unserer Generation bezeichnen könnte: »No hope, no dope, no future.« Keine Hoffnung; keine Rauschmittel, um der Hoffnungslosigkeit zu entfliehen; keine Zukunft.

Wenn das, so muß ich denken, das letzte Wort ist, dann ist alles aus. Denn wir brauchen doch Hoffnung zum Leben wie den Sauerstoff zum Atmen. Ohne Zukunft gehen wir kaputt. Ist denn keiner da, der wie ein Sonnenstrahl unsere innere Kälte erwärmt und unser dunkles Leben erhellt?

Und dann sehe ich an der Freiburger Universitätsfassade ein anderes Wort. Nicht ungelenk mit Sprühflasche in Rot – es ist eingemeißelt und mit Blattgold ausgemalt. Direkt über dem halbrunden Vorbau des Eingangsportals. Mitten über dem Pessimismus der Sprühflaschen-Philosphie leuchten die goldenen Worte: »Die Wahrheit wird euch freimachen.«

Freimachen! Ist das der Schlüssel, der unser Gefängnis der Zukunftsangst aufschließt? Ist das die Sonne, die uns Wärme und Orientierung gibt? Freimachen – danach sehnen wir uns doch im tiefsten.

Die Universitätsleitung läßt in regelmäßigen Abständen die Sprühparolen entfernen. Der Blattgoldspruch aber hat die wechselvollen Epochen der Geschichte überdauert. Er wurde immer wieder erneuert. »Die Wahrheit wird euch freimachen.«

Was ist denn das Geheimnis dieses Satzes? Eines ist klar: Tausend Putzkolonnen können das Motto »No future« nicht aus unserem Leben verbannen – höchstens von Häuserfassaden. Und der in Stein gehauene Spruch bleibt leblos, wenn wir dem Geheimnis nicht auf die Spur kommen.

Wir haben Zukunft!

»Die Wahrheit wird euch freimachen« – ist das vielleicht die Antwort auf unsere quälende Frage »No future«? Ist das die Begründung unserer Behauptung: Wir haben Zukunft? Ist das das Geheimnis, um Resignation zu überwinden, Hoffnung zu bekommen und Motivation zu finden?

Ist die freimachende Wahrheit das Ziel unserer Sehnsucht? Treffend hat die bekannte Psychagogin Christa Meves festgestellt: »Manches Aussteigertum verdeutlicht die mangelnde Tragfähigkeit nur äußerer, nur oberflächlicher Lebensziele, also den Zeitgeist der ›sieben fetten Jahre‹. Die junge Generation ist eine seelisch hungrige Generation.« Hoffnungshunger läßt sich eben weder durch materielles Schlaraffenland noch durch utopische Träumereien stillen. Die Zukunftsfrage ist letztlich der Schrei nach Wahrheit.

Die Wahrheitsfrage

»Die Wahrheit wird euch freimachen« – dieses Wort am Hauptportal der Freiburger Universität bezeugt die tiefe Erkenntnis, daß die Zukunftsfrage entscheidend mit der Wahrheitsfrage zu tun hat. Die Zukunftsfrage ist zunächst keine bloße individuelle Schicksalsfrage. Die letzte Antwort muß allgemeingültig sein. Sie muß für jeden gelten. Und genau das ist ja Wahrheit: etwas, was zu allen Zeiten an jedem Ort für jeden Menschen gleich gültig ist.

Wenn ich nach der Zukunft frage, dann frage ich nach dem Sinn überhaupt. Nach dem Ziel der Weltgeschichte und nach dem Ziel, das mein kleines Leben darin hat. Unsere Behauptung »Wir haben Zukunft« hängt also mit der Wahrheitsfrage zusammen. Sie muß sich auf Wahrheit hin überprüfen lassen.

Es stimmt: Nur die Wahrheit kann uns freimachen! Frei von den quälenden Sehnsüchten und den zweifelnden Fragen. Denn in uns Menschen steckt eine tiefe Sehnsucht nach der Lösung der Zukunftsfrage. Wir wollen nicht ins Ungewisse gehen. Wer von uns kennt die schlaflosen Nächte nicht, wo der bohrende Zweifel und die zermürbende Frage an uns heranschleicht: Was wird denn kommen? Wohin geht die Fahrt? Was bringt die Zukunft?

Die Frage nach der Zukunft ist keine Gedankenspielerei. Sie hat mit der Zielfrage unseres Lebens zu tun. Und damit mit dem letzten Sinn. Niemand geht doch an einen Fahrkartenschalter der Eisenbahn und löst »eine Fahrkarte für fünfzig Mark geradeaus«. Man gibt sein Ziel an und reist zielstrebig und zielgerecht dorthin.

Danach sehnen wir uns für unser Leben. Wir müssen das Ziel kennen, um uns auf unserer Lebensfahrt orientieren zu können. Gewißheit über die Zukunft macht das Leben erst sinnvoll und lebenswert. Hinter der Frage »Was kommt auf uns zu?« steckt die nackte und brutale Anfrage: »Worauf wollen wir denn bauen? Wo liegt denn das Fundament, wenn alles zerbricht?«

Die ungelöste Zukunftsfrage macht krank. Wer keine Hoffnung hat, für den wird das Leben eine Qual. Deshalb brauchen wir Antwort. Und diese Antwort muß allgemeingültig sein. Nur wenn der gesamte Kosmos einen Sinn hat, findet auch mein kleines Leben darin seinen Platz. Nur dann haben wir auch eine gültige Antwort für unsere eigene Existenz. Quälende Sehnsucht und zweifelnde Fragen lähmen unsere Kraft.

»Die Wahrheit wird euch freimachen« – frei von dem zermürbenden täglichen Begraben unserer selbstgemachten Zukunftspläne und selbstgesetzten Hoffnungsideale. Denn wer hat eigentlich das Recht, das lösende Wort zur Zukunftsfrage zu sprechen? Wer oder was ist gültig, absolut und wahr? Denn nur das, was wahr ist für den Kosmos, ist auch wahr für meine Zukunft.

Es gibt doch Tausende von Hoffnungsangeboten. Ideologien und Philosophien, Religionen und Weltanschauungen – allen geht es um das Glück des Menschen und die Lösung der Zukunftsfrage. Ob griechisches oder römisches Denken, ob Plato oder Aristoteles, ob Marx oder Mao: ihnen allen ging es um die Lösung der Zukunftsfrage. Ob Hare Krishna oder Kinder Gottes, ob Mun oder Bhagwan: »eine glückliche Zukunft« lautet ihr Versprechen. Mit verlockendem Blendax-Lächeln verspricht man gegen klingende Münze einer angsterfüllten Generation Hoffnung für die Zukunft. Aber eines kann doch nur wahr sein! Es stimmt: Nur die Wahrheit kann uns freimachen.

Diejenigen, die das an die Freiburger Universität schrieben, haben gewußt, was sie meinten. Das ist nicht der »Lebendige Geist«, der in humanistischem Idealismus das Heidelberger Universitätsportal ziert. Es ist ein Zitat aus der Bibel. Ein Wort aus dem Johannesevangelium (8, 32). Und mit »Wahrheit« ist in der Bibel kein Prinzip gemeint. Erst recht kein menschengemachtes und menschengedachtes System. Wahrheit ist eine Person: Jesus Christus.

Die Wahrheit, die freimacht, ist der, der von sich sagen konnte: »Ich bin der Weg, die Wahrheit und das Leben« (Joh 14,6). Das ist der aufregendste Satz, der je in dieser Welt gesprochen wurde. Das ist das Exklusivste und Absoluteste, was die Menschheit je gehört hat. Jesus Christus deutet auf sich: ICH bin die Wahrheit, die freimacht.

Das heißt doch in logischer Konsequenz: Alles andere ist Lüge. Alles andere ist Illusion. Alles andere ist Verführung und Hoffnungsbetrug. Wenn ihr wissen wollt, was euer Leben für einen Sinn hat und worin die Zukunft der Welt liegt, dann müßt ihr euch an mich wenden! An Jesus Christus. Das ist kein frommer Notausgang aus dem Labyrinth ungelöster Fragen. Das ist entweder die einzige Antwort oder der gigantischste Betrug der Weltgeschichte.

Allein geht man ein

Jeden, der bereit ist, konsequent zu denken, fordert dieser Anspruch Jesu heraus. Denn dahinter steckt die nüchterne Erkenntnis, daß wir Menschen selbst uns die Zukunftsfrage nicht beantworten können. Man kann schließlich nicht nach einer Orientierungsmarke segeln, die man sich selber an den Bug seines Schiffes genagelt hat.

Eugene Ionesco, der in Paris lebende rumänische Dramatiker und Erfinder des absurden Theaters, hat einmal gesagt: »Rundheraus, ich hege kaum noch Hoffnung, daß der Mensch aus eigener Kraft heraus zur Umkehr fähig ist – ohne Hilfe von jemandem, der Gott, der Jesus Christus heißt. Von dem

Menschen kann man nichts mehr erwarten. Der Mensch, auf sich gestellt, geht zweifelsohne seinem Verderben entgegen.« Nüchterner kann man es wohl kaum sagen, ernüchternd sozusagen: Von den Menschen – also von Menschengemachtem und Menschengedachtem, von Philosophien, Ideologien und Religionen – kann man nichts mehr erwarten. Der auf sich gestellte Mensch ist hoffnungslos dem Verderben ausgeliefert. Allein geht man ein.

Die Angst vor dem Alleinsein, vor dem Ausgeliefertsein an die hoffnungslose Welt, greift rapide um sich. Steven Spielberg ist der erfolgreichste Regisseur aller Zeiten. Der 36jährige Erfinder des »Weißen Hai« hat mit acht Filmen 5,4 Milliarden Mark eingespielt. Das Privatvermögen des Amerikaners wird auf 100 Millionen Dollar geschätzt. Action- und Abenteuerfilme wie »Indiana Jones und der Tempel des Todes« füllen weltweit die Kinos. Von Spielberg stammt der Welthit »E. T. – Der Außerirdische.« »E. T.«, das ist das Wesen, das aus dem Weltraum kommt, Wunder tut, dauernd Nähe und Wärme verspricht und den Menschen hilft.

In einem Presseinterview wird der »E. T.«-Erfinder gefragt: »Halten Sie eigentlich den Zustand dieser Welt für so schrecklich, daß man Märchen wie ›E. T.‹ braucht, um für zwei Stunden zu entfliehen?« Darauf Spielberg: »Die Welt hat immer Märchen gebraucht. Ich spüre, daß Menschen sich nach einem Freund aus einer anderen Welt sehnen, denn auch ich fühle mich leer und allein. Und dann mache ich eben ›E. T.‹ und befriedige damit offensichtlich ein allgemeines Bedürfnis.«

Ein Märchenwesen gegen das Alleinsein? Die »gute Fee« als Garant für die Zukunft? Das zeugt entweder von tiefer Hoffnungslosigkeit oder vom Rückfall in den Kleinkinderglauben. Spielberg sagt: »Von ›E. T.‹ habe ich mein ganzes Leben lang geträumt. Ich habe ihn erfunden, als ich zehn Jahre alt war. Ich wollte einfach ein Wesen aus dem All als besten Freund haben.« Da leugnet man also hartnäckig-marxistisch jede Transzendenz; aber im Science-fiction-Stil will man seine Einsamkeit bekämpfen. Die Diagnose ist richtig: Allein geht man ein! Nur muß doch die Therapie mehr sein als ein Holzkopf an Fäden!

Wir brauchen Wahrheit. Wahrheit von außen. Antworten, die jenseits unseres Denkens liegen. Martin Heidegger, dessen

Lehre eher zur Demontage Gottes beigetragen hat, mußte am Ende seines Lebens gestehen – und sein Satz ging als Schlagzeile um die Welt: »Nur ein Gott kann uns noch retten.«

Und derselbe Peter Maffay, der die Hoffnungslosigkeit dieser Welt nicht nur besingt, sondern auch eine Abtreibung damit begründet, ist es, der den sehnsuchtsvollen Schrei jedes Menschen in einen Schlagertext kleidet: »Lieber Gott, wenn es dich gibt, dann komm in unsere Einsamkeit; dann zeig uns deinen Weg.« Es wurde der Hit des Jahres 1982.

Es ist das tiefe Wissen eines Menschen, daß nur die Wahrheit Sinn und Ziel setzen kann. Daß nur von dieser Zukunftsperspektive her der Weg in der Gegenwart gezeigt werden kann. Es stimmt: Allein geht man ein!

An Jesus Christus vorbei läßt sich die Zukunftsfrage nicht lösen. An der Wahrheit gibt's kein Vorbei. Veränderung des Lebens und Veränderung der Welt sind ohne Jesus zum Scheitern verurteilt. Der renommierte Stuttgarter Sozialphilosoph Günter Rohrmoser schreibt: »Die Verkündigung der christlichen Wahrheit muß am Anfang stehen, denn nur sie kann uns freimachen. Aus der Befreiung und aus der Erneuerung des Sinns geht die sittliche Erneuerung der Gesellschaft hervor, ohne die eine Veränderung der Welt eine eitle Hoffnung wäre.«

»Wir haben Zukunft!« Das sagen Leute, die befreit sind durch die Wahrheit Jesus Christus. Befreit zu Hoffnung und Verantwortung. »No future!« Das ist das Glaubensbekenntnis eines jeden Menschen, der das als frommen Firlefanz in den Wind schlägt und lieber an seinem eigenen Elend kaputtgehen will.

Für jeden halbwegs denkenden Menschen ist es doch alarmierend, wenn ausgerechnet einer der Gründungsväter der neomarxistischen Frankfurter Schule, der die Abschaffung Gottes zur Grundbedingung einer neuen Gesellschaft machte – Max Horkheimer –, kurz vor seinem Tod zum Entsetzen seiner Schüler Habermas und Marcuse erklärte: »Politik ohne Theologie ist absurd. Alles, was mit Moral und Menschlichkeit zusammenhängt, geht auf die biblische Botschaft zurück. Und die Rebellion der heutigen Jugend ist eine unbewußte Verzweiflung, hinter der die ungestillte religiöse Sehnsucht steht.« Das ist die nüchterne Erkenntnis eines Gelehrten, dessen

»Kritische Theorie« ganze Generationen in die Hoffnungslosigkeit getrieben hat, daß es letztlich menschen*un*möglich ist, die Zukunftsfrage zu lösen. Daß es eine Illusion ist, zu meinen, man brauche nur die Ärmel hochzukrempeln und an die Vernunft zu appelieren, und das Paradies auf Erden sei von denen, die guten Willens sind, im Do-it-yourself-Verfahren machbar.

Das ist eben der Irrtum der Ideologien. Sie träumen von einem Ziel, das sie erst selber erreichen wollen. Sie planen ihre Zukunft selber und hoffen, daß irgendeine Generation die Erfüllung einmal erleben wird. Ideologie und Utopie sind immer Zwillinge, denn Zukunft nach der Selbstbaumethode hält konsequentem Denken nicht stand. Da muß man schon träumen können. Oder über genügend Machtmittel verfügen, um seine Anhänger gewaltsam bei der Stange zu halten.

Ideologien sind auf dem Wege *zum* Ziel. Christus aber kommt selber *vom* Ziel. Und hierin liegt die tiefe denkerische Begründung für unsere Behauptung: Wir haben Zukunft!

Wer kommt auf uns zu?

Unsere Hoffnung ist nicht auf Ereignisse oder gar Träume fixiert. Erst recht liegt sie nicht im Bereich menschlicher Machbarkeit. Das Thema der biblischen Eschatologie (Lehre von den letzten Dingen) ist nicht »die Zukunft«, sondern »der Zukünftige«. Unsere Hoffnung ist eine Person: Jesus Christus. Unsere Zukunft ist der, der vor 2000 Jahren seinen Fuß auf diese Erde setzte und die Welt nicht nur Wahrheit lehrte, sondern selbst die Wahrheit war. Der, der keine großen Worte machte, sondern eine einzige große Tat: der am Kreuz starb, damit eine ganze Menschheit leben kann. Jesus Christus – kein phantasierender Träumer von einer heilen Welt und einer machbaren Zukunft, sondern der realistische Garant einer neuen Welt.

Christen fragen nicht zuerst danach, *was* kommt, sondern *wer*. Schon die Zukunftserwartung des Alten Testamentes richtete sich nicht auf *das* Kommende, sondern auf *den*, der kommt (Mal 3,1). In den Gleichnissen Jesu spielt der Bezug zur Zukunft eine entscheidende Rolle. Und immer wieder geht es um Christus, der als Person wiederkommt.

Beim Abendmahl verkündigt man »des Herrn Tod, bis daß *er* kommt« (1 Kor 11,26). Paulus schreibt unüberhörbar nach Korinth: »Hoffen wir nur in diesem Leben auf Christus, so sind wir die elendesten unter allen Menschen« (1 Kor 15,19). Die biblische Zukunftserwartung ist untrennbar mit der Person des wiederkommenden Christus verbunden. Es ist also geradezu symbolisch, wenn der allerletzte Ausspruch der Bibel lautet: »Ja, *ich* komme bald. Amen, ja komm, *Herr Jesus*« (Offb 22,20).

Christen warten auf ihren Herrn, nicht auf Erscheinungen, Ereignisse und Erfahrungen. Die Zukunft ist also nicht, wie Harvey Cox meinte, das, »was der Mensch aus ihr macht«. Sie ist das, was Gott tut – nämlich die neue Welt. Und wen Gott schickt – nämlich seinen Sohn Jesus Christus. Christen erwarten Christus. Sie erwarten als Erlöste den Erlöser. Sie erwarten die ewige Gemeinschaft mit ihm. Wer auf Christus wartet, der wartet auf den Garanten der neuen Welt (Offb 21).

Und seine Garantiekarte ist nicht »Das Kapital« als wertloses Dokument oder das bloße Prinzip einer Hoffnung. Seine Garantiekarte ist eine historische Tat: die Auferstehung Jesu Christi von den Toten. Denn so wahr Jesus von den Toten auferstanden ist; so wahr dies nicht Geschicht*en* sind, sondern Geschicht*e* ist, und das leere Grab sogar Programmpunkt eines Staatsbesuches in Israel war (Helmut Kohl, Januar 1984); so wahr dieser Jesus den Tod überwunden hat und wir nicht nur fühlen, sondern wissen, daß er lebt – so wahr ist auch das andere Datum der Weltgeschichte: Dieser Jesus Christus wird wiederkommen, um diese Erde zu erneuern. Wir haben Zukunft, weil wir den Zukünftigen haben. Die Herren dieser Welt gehen, unser Herr aber kommt. Und er legitimiert seine Ankündigung mit der historischen Tatsache seiner Auferstehung.

Man kann mit der Bibel nicht umgehen wie mit einem Selbstbedienungsladen. Ein paar fromme Sprüche für rührselige Feiern, die Bergpredigt für den »Friedenskampf« und die Weihnachtsgeschichte zur Hebung der Sentimentalität. Man holt sich das, was einem paßt. Die Wahrheitsfrage der Bibel provoziert jedoch die Entscheidung: entweder ganz oder gar nicht! Ich habe mich also der historischen Glaubwürdigkeit der *ganzen* Bibel zu stellen und nicht der von mir selektierten Restbestände. Wer sich selbst zum Maßstab der Wahrheit erhebt – und sei es mit pseudowissenschaftlicher Akribie theologischer Spitzfindigkeit –, der betrügt sich selbst.

Die Bultmannsche Arroganz, im Zeitalter des elektrischen Lichts nicht mehr an Wunder glauben zu können, kann bei Naturwissenschaftlern nur unverständliches Kopfschütteln auslösen. Und die modernistische Dreistigkeit, die Auferstehung Jesu in das Reich der Märchen und Mythen zu verbannen, ist für einen Historiker schlichtweg lächerlich. So ist denn auch die Verlegung der Wiederkunft Jesu auf den »St.-Nimmerleinstag« nichts anderes als intellektueller Schwachsinn. Die Wahrheit der Worte Jesu, die Realität der erfüllten biblischen Prophezeihungen und die historische Zuverlässigkeit von Kreuz und Auferstehung Jesu Christi lassen jeden Zweifel daran verstummen, daß Christus auch seine letzte Ankündigung wahrmacht: Ich komme wieder (Lk 21,27).*

Dr. Gerhard Bergmann schreibt: »Diesem Jesus, der der ewige Mund Gottes ist, sollte ich nicht vertrauen? Ich frage: wem denn, wenn nicht ihm? Wahrhaftig, ich vertraue ihm ganz und gar! Die Worte Jesu sind deshalb glaubwürdig, weil sich ihre Wahrheit gerade in unseren Tagen bestätigt. Erfüllte Prophezeihungen bestätigen die Glaubwürdigkeit.«

Zudem muß jeder, der sich ernsthaft denkend und kritisch fragend mit der Bibel auseinandersetzt, feststellen: Die Wiederkunft Christi ist nicht nur glaubwürdig, sondern auch notwendig. Denn wenn Christus wirklich Gottes Sohn ist, dann muß das einmal für jedermann sichtbar werden. Wenn der Anspruch Jesu wirklich stimmt, dann ist der Erweis geradezu zwingend.

Seine Herrschaftsmacht ist ja jetzt eine verborgene. Zu Pilatus sagt er: »Ich bin ein König« (Joh 18,37). Aber sichtbar waren nur Spott und Spucken, Hohn und Dornen. Zu seinen Jüngern sagt er: »Mir ist gegeben alle Gewalt im Himmel und auf Erden« (Mt 28,18). Aber sichtbar war seine Ohnmacht am Kreuz: »Mein Gott, mein Gott, warum hast du mich verlassen?« (Mt 27,46). Deshalb, nur deshalb kann man Jesus Christus auch ablehnen, links liegenlassen und verach-

---

* Zum Thema »Glauben und Denken« ausführlicher: Peter Hahne, Kein Grund zur Resignation, TELOS-Tb 5043

ten: weil seine wahre Herrschaft verborgen ist. Wenn jeder wüßte, wer Jesus Christus wirklich ist – keiner würde wohl wagen, ihn nicht als Herrn anzuerkennen. Deshalb müssen wir hier mit der Spannung fertig werden, erst im Glauben und noch nicht im Schauen zu leben (2 Kor 5,7). Deshalb steht und fällt alles mit unserer Haltung zur Heiligen Schrift. Nur wer Jesus vertraut und die historische Glaubwürdigkeit der Bibel denkerisch akzeptiert, kann dem unsichtbaren Herrn bei allen Spannungen und Zweifeln nachfolgen, bis daß er sichtbar wiederkommt. Weil es so ungeheuerlich anmaßend klingt, hat man gelacht, als Jesus sagte »Ich und der Vater sind eins« (Joh 10,30) oder »Wer mich sieht, der sieht den Vater« (Joh 14,9). Wenn dieser Anspruch wirklich stimmt, dann muß das einmal für jeden offenbar werden. Der Tag der Wahrheit muß kommen. Wenn Jesus will. Und er will!

Wenn Jesus Christus wirklich wahrer Gott ist, dann muß er auch das letzte Wort behalten. Weder Resignation noch Tod, weder Buddha noch Marx, weder die Atombombe noch Satan, weder Sie noch ich haben das letzte Wort. Gott hat es. Und der, der als wahrer Gott und wahrer Mensch auf diese Erde kam: Jesus Christus. »Um der Gottheit Jesu willen wird eines Tages aus der verborgenen Herrschaft Jesu eine sichtbare Herrschaft. Jesus will: es soll ein für allemal deutlich werden, daß Gott alleiniger Gott ist« (G. Bergmann).

Um es klar zu sagen: die Wiederkunft Christi ist für mich deshalb das glaubwürdigste Datum der Zukunft, weil Jesus es selber ankündigt. Aber der Logik dieser Prophezeihung auf die Spur zu kommen, bewahrt vor den oft vorgeschobenen »intellektuellen« Zweifeln. Dummheit müssen sich nämlich diejenigen bescheinigen lassen, die sich zum Richter über Wahrheitsfragen aufschwingen, ohne je biblische Zusammenhänge durchdacht zu haben. Im übrigen halte ich mich an den Ratschlag des großen dänischen Philosophen Sören Kierkegaard: »Die Bibel ist nicht dazu da, daß wir sie kritisieren, sondern dazu, daß sie uns kritisiert.« Der wissenschaftlich überhöhte und intellektuell aufgeblähte »Zweifel« ist oft nichts anderes als eine feige Flucht vor der Wahrheit des Evangeliums. Man merkt genau, wie realistisch das Wort Gottes ist, will es aber aus Bequemlichkeit und Angst vor Umkehr nicht wahrhaben. »Nicht die unverständlichen Bibelstellen bereiten

mir Magenschmerzen, sondern diejenigen, die ich verstehe«
(Mark Twain).

Dem Zukünftigen gehören

Wir erwarten Christus als den Zukünftigen. Von ihm bekennen wir: »Er sitzt zur Rechten Gottes, des allmächtigen Vaters;
von dort wird er kommen zu richten die Lebenden und die
Toten.« Biblische Hoffnung weiß um die Wirklichkeit von Tod
und Gericht. Christen leben nicht ziellos ins Blaue. Sie sind die
bestinformierten Leute, die es gibt. Sie sind bibelinformiert
und deshalb wahrheitsinformiert. Nicht umsonst spricht Paulus
im Blick auf die Zukunft nicht von Fühlen, Glauben und
Spekulieren, sondern von *Wissen*: Wir wissen, daß wir jenseits
der Todesgrenze vor das Gerichtsforum Gottes gezogen werden (2 Kor 5,1–10).

Die Bibel beschreibt den Tod als schrecklichste Folge der
Sünde (1 Kor 15,56) und als den »letzten Feind« (1 Kor 15,26). Der
ewige Tod wäre also die konsequente Fortsetzung der irdischen
Sünde. Denn Sünde heißt Trennung von Gott. Wer sich von ihm
abgesondert hat, der ist ein Sünder. Dieser selbstgewählte
Lebensstil ist zukunftsentscheidend. Am Ende gibt es nur noch
Freiwillige: die, die sich *für*, und die, die sich *gegen* Gott
entschieden haben. Unsere Zukunft hat also schon begonnen.

Je nachdem, ob wir Jesus Christus als Erlöser angenommen
oder verworfen haben, werden wir bei seiner Wiederkunft
beurteilt (Mt 24,40 f.). Insofern liegt unsere Zukunft in unserer
Entscheidung. Mitbestimmung ist keine Erfindung des Deutschen Gewerkschaftsbundes. Mitbestimmung gibt es seit Erschaffung des Menschen. Schon immer ist der Mensch daran
beteiligt gewesen, sich für oder gegen Gott – und damit für oder
gegen das Paradies und das ewige Leben – entscheiden zu
können. Und diese Mitbestimmung braucht man sich nicht auf
dem Demonstrationsweg zu erkämpfen, sie ist uns von Gott auf
dem Gnadenweg geschenkt. Das Evangelium zur Rettung des
Sünders ist kein Blankoscheck für Gottlose. Es ist verbunden
mit dem Ruf zu Buße und Bekehrung. Wer Kirchenzugehörigkeit oder Weltengagement für Freikarten in den Himmel hält,
wird einmal bitter enttäuscht werden.

Der biblische Jubelruf über die *gewisse* Zukunft schließt den Ernst der Entscheidung für den Zukünftigen mit ein: »Gelobt sei Gott, der Vater unseres Herrn Jesus Christus, der uns nach seiner großen Barmherzigkeit wiedergeboren hat zu einer lebendigen Hoffnung durch die Auferstehung Jesu Christi von den Toten« (1 Petr 1,3). Hier wird die Hoffnung als lebendig bezeichnet, weil unsere Zukunft eine Person ist: Jesus Christus. Hier wird die historische Tatsache der Auferstehung als Garant für unsere Zukunft genannt: der Auferstandene ist der Wieder-kommende. Hier geht es um unsere Entscheidung für den Zukünftigen: Wiedergeburt.

Christliche Hoffnung ist also nicht *an*geboren, sondern zu ihr wird man *wieder*geboren (Joh 3,3). Man kann ja in einer Garage geboren werden und ist damit noch lange kein Auto. Ebenso kann man in einer christlich geprägten Umgebung erzogen werden und aufwachsen, ist damit jedoch nicht automatisch Christ. Christ*sein* ist die Folge des willentlichen Entschlusses, Christ zu *werden*. Wiedergeburt geschieht durch die persönliche Annahme der »großen Barmherzigkeit«: des Kreuzestodes Jesu zur Vergebung unserer Sünden. Ohne Wiedergeburt kein Leben. Ohne ewiges Leben keine Hoffnung. Ohne Hoffnung keine Zukunft.

Christus kommt als Richter. »Wir müssen alle offenbar werden vor dem Richterstuhl Christi, auf daß ein jeglicher empfange, wie er gehandelt hat bei Lebzeiten, es sei gut oder böse« (2 Kor 5,10). Allein diese Gerichtsdimension ist schon eine Absage an jenes lächerliche Vorurteil, Christen kümmerten sich um nichts und lebten in den Tag hinein. Vielmehr ist die christliche Zukunftshoffnung engstens mit der weltlichen Gegenwartsverantwortung verbunden. Und dies um so ernster, als Christus bei seiner Wiederkunft sehr wohl nach unseren Taten fragen wird. Vor allem aber danach, ob wir ihn als Herrn über unser Leben anerkannt haben.

In der Rede Jesu über die endzeitlichen Ereignisse wird deutlich (Matth 25,31–46), daß das letzte Gericht die letzte Entscheidung bringen wird, wo wir unsere Ewigkeit zubringen. Die Bibel weiß also um eine tiefere Existenzbetroffenheit als den natürlichen Tod: den ewigen, den geistlichen Tod. Und zu dem verdammen wir uns selbst, wenn wir bewußt an Gott vorbeileben. Vorbeileben an Gott bedeutet Tod, weil es außerhalb von Gott kein Leben gibt. Christus als letzter Richter ist folglich (logischerweise!) auch der einzige Erlöser. Denn nur der kann begnadigen, der auch die Gerichtsgewalt hat.

In Jesus Christus erwarten wir den Richter, Erlöser und Sieger. Wer dem Zukünftigen gehört, der hat sein Leben auf Sieg programmiert. Gerade in Zeiten, wo man als Christ belächelt, verspottet oder gar verfolgt wird, sollte man von den Zinsen dieses Erbes leben: Wir sind wiedergeboren zum Sieg. Die Herren dieser Welt gehen, unser Herr aber kommt – und mit ihm der Sieg über die Mächte des Bösen. Er kommt wieder als König aller Könige und Herr aller Herren (Offb 19,16). Das weltliche Verlachen kann das himmlische Strahlen nicht zerstören. Bekanntlich lacht der am besten, der zuletzt lacht. Und von dieser ewigen Freude kann man bereits hier Kraft gewinnen.

Die Sieger von heute sind die Verlierer von morgen. Die scheinbaren Verlierer aber sind zuletzt die Sieger. Denn Jesus kehrt alles um: »Wer sein Leben findet, der wird's verlieren; und wer sein Leben verliert um meinetwillen, der wird's finden« (Mt 10,39). Gewinn durch Verlust. Sieg durch Niederlage. Wo dieses »um meinetwillen« nicht bestimmend ist, herrschen »No future« oder selbstgebastelte Zukunftserwartungen. Christen jedoch handeln nicht nach den Maßstäben dieser Welt (Röm 12,2), das Leben zu gewinnen. Sie sind der Welt entrissen (Gal 1,4) und damit auch deren Erwartungen und Hoffnungen. Sie leben bereits hier aus der Energie der Ewigkeit. Und dort gilt eben das als Verlust, was hier Gewinn war; und umgekehrt.

Alles ist Verlust, was nicht dazu dient, Christus zu gewinnen (Phil 3,8). Christus gewinnen aber heißt: seinem Tod gleichgestaltet werden. Denn nur in der »Gemeinschaft seiner Leiden« wird auch die »Kraft seiner Auferstehung« offenbar (Phil 3,10). Genau das umgeht die säkulare, dieser alten Welt verhaftete Zukunftserwartung. Und insofern ist das Kreuz Christi wirklich Scheidelinie und Stolperstein (1 Kor 1,18).

Wer sein Leben gewinnen will, zieht Jesus vor, der mehr wert ist als Vater und Mutter, Sohn und Tochter, ja auch als sein eigenes Leben (Mt 10,37 und Lk 14,26). »Wer aber Jesus vorzieht, wählt das Kreuz als den Ort, wo nicht eventuell, sondern todsicher gestorben wird« (H. U. v. Balthasar). Zukunft hat nur der, der dem Zukünftigen gehört. Der Zukünftige aber ist der Gekreuzigte, der uns in seinen Tod mit hineinnimmt, damit wir mit ihm auferweckt werden.

Fragen wir nach der Zukunft, so fragen wir nach dem Ende dieser Welt und dem Ziel unseres Lebens. Das Ziel jedes Menschen ist der Tod. Also brauchen wir eine Antwort auf die Todesfrage. Nur so ist zielgerechtes und zielorientiertes Leben möglich. Ist der Tod ein dunkles Nichts, dann kann ich mein Leben vertun. Wenn der letzte Sinn fehlt, dann ist das Leben nichts anderes als eine Orgie der Verzweiflung.

Dasselbe gilt für das Ziel der Welt. Arbeit an der Welt lohnt doch nur, wenn ich um den letzten Sinn weiß, der auch über Mißerfolgen nicht resignieren läßt. Sonst wechseln Vollendungseifer und Zerstörungswut einander ab. Der Zustand unserer Zeit, wie wir ihn im ersten Teil dieses Buches beschrieben haben, ist doch nur der Beweis für die Erlösungsbedürftigkeit von Mensch und Welt.

Wichtig zu wissen: Mit dem Tod ist nicht alles aus! Unser Leben läuft dem letzten Gericht entgegen. Das legt auf uns eine doppelte Verantwortung: uns auf die Seite Jesu zu stellen und zugleich in und an dieser Welt zu handeln. Denn durch unser Tun oder Versäumen werden bereits in diesem Leben die Weichen für die Zukunft gestellt.

Deshalb haben Christen in dieser Welt viel mehr zu sagen als nur die Forderung nach Überleben. Als ginge es darum, eine durch Sünde verseuchte Welt per Umweltschutz und Abrüstung heilen zu können! Mit unerlösten Menschen kann man keine erlösten Verhältnisse schaffen. »Auf die Füße kommt unsere Welt erst wieder, wenn sie sich beibringen läßt, daß ihr Heil nicht in neuen Maßnahmen, sondern in neuen Gesinnungen besteht« (Albert Schweitzer). Christen sprechen nicht vom Überleben, sondern vom ewigen Leben. Wer dieses Leben hat, der überlebt. Ihm gehört die Zukunft, weil er dem Zukünftigen gehört.

Zukunft als Geschichte

Für die Silvesterausgabe einer großen Zeitung wurde Professor Hartmut von Hentig 1981 gebeten, einen Grundsatzartikel zum Thema »Wo stehen wir?« zu schreiben. In seiner nüchternen Analyse finden sich die Punkte wieder, die wir auf den ersten Seiten dieses Buches als Kennzeichen der »No-future«-Generation beschrieben haben. Seine »Stich-Worte«, wie er sie nennt, lauten: Angst, Aussteigen, Sinnverlust und Zerfall der Werte. Auf die Frage nun, welche Auswege es aus der Krise gibt, antwortet der Pädagoge von Hentig mit vier Verneinungen: nicht aussteigen; sich keine Religion machen; sich die Zeit nicht von Freizeitkünstlern und Medien stehlen lassen; nicht Sinn herbeireden wollen. Es scheint, als läge die Bibel gar nicht so falsch . . .

Richtig ist nämlich die Erkenntnis, daß Aussteigen zu nichts führt. Höchstens zum Einsteigen in den mörderischen Teufels-kreis der Verzweiflung. Sich die quälenden Fragen per Rausch oder Freizeitstreß totschlagen zu wollen, endet mit der nüchter-nen Erkenntnis: Flucht in die Sucht ist keine tragfähige Lebens-basis. Bezeichnend aber ist, daß der Wissenschaftler logisch und präzise analysiert: Weder selbstgemachte Religion noch selbstgesetzter Sinn sind Antworten auf das »No-future«-Ge-fühl.

Echter Sinn kann nur außerhalb unserer Machbarkeit liegen, weil er mit der Wahrheitsfrage zu tun hat. Menschengemachte Religionen bleiben Utopie und Illusion, wenn es um den harten Kampf der Wirklichkeit geht. Wahrer Lebenssinn muß erfahr-bar sein! Wahre »Religion« muß tragfähig sein! Kurzgefaßt: Was mein Leben ausmachen soll, muß wahr sein! Und Wahr-heit kann ich nicht selber produzieren. Zukunft darf kein illusorischer Traum sein, sondern erlebbare Realität.

Biblische Hoffnung weiß um das Geheimnis der Geschichte. Das, was Gottes Wort über die kommenden Zeiten ankündigt, sind keine mittelalterlichen Gruselgeschichten oder Heile-Welt-Romane im Science-fiction-Stil. Wir haben es in der biblischen Offenbarung nicht mit Geschichten, sondern mit Geschichte zu tun. Hier geht es nicht um Märchen, sondern um nüchterne Realitäten.

Das Geschehen in dieser Welt ist nach biblischer Auffassung kein Kreislauf, in dem alles ständig wiederkehrt. Die Geschich-te ist vielmehr eine Bewegung, die ihren Anfangs- und End-punkt hat. Der *Anfang* ist von Gott gesetzt. Am Beginn allen Seins stand das Wort Gottes. Er sprach – und es ward (1 Mo 1). In der *Mitte* steht das Kreuz Jesu Christi. Das Kommen

Christi in diese Welt ist verbunden mit dem Anbruch einer neuen Zeit (vgl. Jes 35,5 f.; 61,1 f.; Mt 11,4 f.). Und dem Versprechen des Auferstandenen: Ich komme wieder. Die Erfüllung dieser Zusage steht als Gottes souveränes Handeln am *Ende* der Geschichte.

Christus kommt, um alles neu zu machen (Offb 21,5). Mit ihm kommt ein neuer Himmel und eine neue Erde (2 Petr 3,13). »Wir haben Zukunft« heißt also: Wir nehmen teil an dieser Geschichte Gottes mit dieser Welt. Wir *machen* keine Religion; wir *reden* auch keinen Sinn herbei. Wir *haben* das Vertrauen und die Gewißheit: Wie Gott Anfang und Mitte der Geschichte gesetzt hat, so wird er auch das Ende bestimmen und gestalten. Unsere Zukunft ist Geschichte. Das historisch gesichertste Datum der Zukunft ist die Wiederkunft Jesu Christi.

Der ganze Kosmos und der gesamte Geschichtsablauf sind umrahmt von der Allmacht Gottes: »Ich bin das A und das O, der Anfang und das Ende, spricht Gott der Herr, der da ist und der da war und der da kommt, der Allmächtige« (Offb 1,8). Damit sieht der Christ sein Leben und diese Welt eingeordnet in das Geschichtshandeln Gottes. Er deutet das Geschehen von Gott her und kann es auch nur so begreifen. Nochmals: Ist Christus wirklich die Wahrheit, gibt es nur auf diesem Wege Zukunft und Hoffnung! Jede andere Weltdeutung ist dann Lüge und Betrug. »Jesus Christus ist das Ziel von allem und der Mittelpunkt, dem alles zustrebt. Wer ihn kennt, kennt den Grund der Dinge« (Blaise Pascal).

Mitten im Verlauf der Weltgeschichte betreibt Gott Heilsgeschichte. Verborgen für den, der über Gott lacht. Offenbar aber dem, der die Bibel befragt und befolgt. Genau hier liegt die Begründung für die freimachende Erkenntnis »Wir haben Zukunft«: Der Christ lebt nicht ins Blaue hinein und macht sich keine Hoffnungsillusionen. Er weiß, was kommt. Er erkennt am Ablauf der Geschichte, daß Gottes Prophezeihungen keine leeren Worte sind. Und er zieht daraus die Konsequenz: Wenn Gott seine bisherigen Voraussagen eingelöst hat, warum sollte man dann an dem letzten großen Geschichtsdatum zweifeln?

Die Gewißheit, daß sich Gottes Wort in der Tat erfüllt, läßt einen Christen gelassen sagen: »Meine Zeit steht in deinen Händen« (Ps 31,16). Denn er weiß: Ich kann mich für die Zukunft genauso auf diesen Herrn verlassen wie für meine jetzige Lebenszeit. »Die Welt ist nur erträglich, weil der noch einmal wiederkommt, der sie überwand« (J. Klepper).

Was sagt uns die Bibel nun für das Ende der Zeiten voraus? Auf jeden Fall kein machbares Friedensreich nach dem Motto »Frieden ist möglich« (Franz Alt). Mögen noch so viele ideologische Programme, kirchliche Denkschriften und päpstliche Voten das Gegenteil behaupten: Wir gehen keiner gerechten Weltordnung entgegen, die sich aus der Veränderung alter Verhältnisse entwickeln wird. Unsere Zukunft ist zunächst eine inhumane und höchst unfriedliche Welt. Die mit dem Kommen Christi verbundenen »Zeichen der Zeit« (Mt 24) sind alles andere als die großmäuligen Visionen der Pazifisten.

Der alttestamentliche Prophet Daniel (Kap. 7) und die Offenbarung des Johannes am Schluß der Bibel (Kap. 13) kündigen eine von Bestialität und Kälte gezeichnete Welt an. Weder Friedens-Menschen-Ketten noch Abrüstungsverhandlungen, weder UNO noch Ökumene können darüber hinwegtäuschen, daß die biblischen Zeitprognosen zutreffend sind. Christus kommt durch die Katastrophe hindurch. Nicht durch eine vorher von den Menschen befriedete Welt. Deshalb ist das letzte Ziel des Pazifismus antichristlich, weil es die Vorwegnahme des Reiches Gottes propagiert. Was bräuchte Jesus noch wiederzukommen, um Frieden zu schaffen, wenn wir es »ohne Waffen« selber könnten?

Wer seine Hoffnung auf menschliche Einsichten und auf eine »entrüstete« Welt setzt, der hat seine Zukunft auf Sand gebaut. Der ist schlecht informiert, weil er die Bibel nicht auf seiner Seite hat. Auch wenn die »Friedensjünger« noch so fromm daherreden und die Bergpredigt zum Abrüstungsplakat mißbraucht wird. Könnte der Mensch selber die neue Welt machen, hätte Christus auch das Kreuz erspart bleiben können. Dann hätte man vor 2000 Jahren in Jerusalem eine »Anti-Sünden-Bewegung« ins Leben gerufen. Motto: Die Vernunft schafft den neuen Menschen. Denn jedem Einsichtigen ist doch klar, daß Sünde zerstörerisch ist. Also hätte man nur die Ärmel hochkrempeln müssen: Frieden ist möglich!

Weil es jedoch menschen-unmöglich ist, sandte Gott seinen Sohn zur Rettung der Menschen. Genauso menschen-unmöglich ist die Veränderung der unerlösten Welt zum irdischen Paradies. Deshalb wird Gott in seiner unendlichen Barmherzigkeit seinen Sohn nochmals schicken. Er schafft, was Menschen nicht können: die neue Welt. Und an dieser Neuschöpfung ist der Mensch genausowenig beteiligt wie an der Überwindung von Sünde und Tod durch das Kreuz Christi. Das schafft Christus allein. Allein aus Gnade. Aus Liebe zum Menschen und Gehorsam gegen Gott.

Die Weltgeschichte entwickelt sich in einer Abwärtsbewegung kontinuierlich weiter, aber das Ende ist ein punktuelles Ereignis. Wie die Wiedergeburt letztlich kein Wachstums-, sondern ein Entscheidungsprozeß ist, so ist auch die Neugeburt dieser alten Erde ein Schöpfungsakt Gottes. Die von Jesus verkündete Zukunft, so der Theologe Leonhard Goppelt, »wächst nicht in Kontinuität einer Entwicklung mit fließenden Übergängen aus der Geschichte heraus, sondern begegnet ihr als ein Gegenüber«.

Die Zeichen der Zeit – Hungersnöte, Naturkatastrophen, Gewalt, Lüge, Kriege, Verführung (Mt 24) – sind uns als Merkmale gegeben: Seid wachsam! (Mt 24,42–44). Nicht zur Spekulation. Kein Mensch hat Einblick in den Terminkalender Gottes. Selbst Christus ist das Datum seiner Wiederkunft verborgen (Matth 24,36). Die prophezeiten Zeichen, die das Kommen Jesu vorbereiten, sollen den Christen wachhalten. Und trösten. Denn der Umkehrschluß gilt ja auch: Mitten in der Wirklichkeit dieser Welt erkennt der Christ die Wahrheit des Wortes Gottes. Er braucht nicht zu resignieren, wenn die Zeiten immer schlechter werden. Er weiß: Es muß ja so kommen! Das ist kein Aufruf zu fatalistischer Lethargie, sondern zu nüchternem Realismus. Denn wo der Nichtchrist nur die erschreckende Gegenwart sieht, weiß der Christ doch schon um die gewisse Zukunft. Er weiß um das Gesamtziel jenseits der Teiletappen: Jesus kommt wieder und mit ihm die neue Welt.

Bevor Christus diese neue Welt schafft, wird die Mission weltweit und sein Volk Israel im alten Stammland gesammelt sein. Zugleich wird man sich aber global von den Ordnungen Gottes abwenden. Auch Christen werden sich bezaubern lassen durch die Verlockungen des Antichristen, der sein Reich als Welteinheitsstaat anbietet und baut. Er wird das zu befriedigen suchen, wonach die Menschen sich sehnen: Einheit der Religionen, Ernährung der Welt, Ermöglichung von Glück und Frieden (Dan 7–9; Offb 12–13; 2 Thess 2; Mt 24,38). Genau das, was heute oft als christlich propagiert wird, entpuppt sich auf diesem Hintergrund als das totale Gegenteil.

Über die, die sich der menschengemachten Glückseuphorie widersetzen, kommt eine große Trübsal. Wer als Störenfried die Offenbarung Gottes höher setzt als das scheinbar logische »Göttliche«, wird geistig, geistlich und auch körperlich leiden müssen (Offb 13,14 ff. u. Mt 24,13). Im Tausendjährigen Friedensreich (Offb 20,1–6) wird es noch einmal eine umfassende Missionszeit geben. Auch Israel wird dann Christus als Messias anerkennen. Christus wird die Zügel der Weltregierung in seine Hände nehmen und dem Satan die Hände binden.

Am Ende des Friedensreiches wird der Teufel nochmals losgelassen, um die Menschen zu verführen. Dann müssen Christen ihren Glauben erneut bewähren. Darauf folgt das Weltgericht (Offb 20,11 ff.), von dem wir ja schon sprachen. Alles wird an den Tag kommen. Alle Masken und Fassaden werden fallen. Dann gilt nur eins: Wer Jesus hat, der hat das Leben und kommt nicht in das Gericht (Joh 5,24). Er wird nicht verurteilt, weil er im Buch des Lebens verzeichnet ist (Offb 20,15). »Dann darf der Glaube schauen, was er geglaubt hat; dann muß der Unglaube schauen, was er nicht geglaubt hat« (S. Rothenberg).

Dem Weltgericht folgt die Weltvollendung (Offb 21). Damit wird Christus das gewaltige Geschichtsereignis seiner Wiederkunft krönen. Er schafft einen neuen Himmel und eine neue Erde. Eine Welt ohne Tränen und Tod, ohne Leid und Schmerz. Eine Welt in unmittelbarer und unaufhörlicher Gemeinschaft der Menschen mit Gott. Sünde, Tod und Teufel sind Vergangenheit. Hier herrschen Friede und Gerechtigkeit.

Mit der Weltvollendung geht die Sehnsucht der Menschheit nach Welterneuerung endlich in Erfüllung. Es ist Gott selbst, der den Termin setzt. Es ist Christus selbst, der die Vollendung bewirkt. Es sind wir Menschen, die die Wahrheit der biblischen Prophetie staunend erleben werden. Dann wird es sein, »daß in dem Namen Jesu sich beugen sollen aller derer Knie, die im Himmel und auf Erden und unter der Erde sind, und alle Zungen bekennen sollen, daß Jesus Christus der Herr sei, zur Ehre Gottes, des Vaters« (Phil 2,10–11).

Das ist die Zukunft, der wir entgegengehen. *Das* ist die

Hoffnung, von der wir leben. Denn die Gewißheit, einmal Bürger dieser neuen Welt sein zu dürfen, setzt schon hier Energien frei. Ewiges Leben gibt Kraft zum Überleben. Denn das ist allemal logisch: Wer vor dem richtenden Gott Angst haben muß oder gar die biblische Prophetie in den Wind schlägt und damit die Zeichen der Zeit nicht versteht, der wird resigniert sagen: No future! Wer aber um die Wahrheit des Wortes Gottes weiß und Christus vertraut, der kann mitten »in der Wirrnis dieser Zeit« bekennen: Wir haben Zukunft! Er kann sich gelassen dem Gespött der Gottlosen stellen, weil er weiß: »Ihr werdet am Ende doch sehen, was für ein Unterschied ist zwischen dem Gerechten und dem Gottlosen, zwischen dem, der Gott dient, und dem, der ihm nicht dient« (Mal 3,18).

Der Triumph der Welt ist nur Schein. Echt ist der letzte Sieg. Und der gehört Christus und den Christen. Der russische Religionsphilosoph Nikolai Berdjajew antwortete einem Kommunisten auf die Frage, wer denn nun siegen werde, Christus oder Marx: »Ihr werdet siegen; aber nach all euren Siegen wird Christus siegen.«

Gelebte Hoffnung

Diese Hoffnung produziert keine »Schlaffies«, diese Hoffnung motiviert. Diese Zukunft läßt nicht ängstlich resignieren, sie läßt gelassen nach vorn blicken. Christen haben deshalb keinen Grund, der Angst Raum zu geben. Sie sind keine Panikmacher, sondern ansteckende Mutmacher. Ihr Glaube im Vertrauen auf die Zusagen Gottes ist größer als alle Ängste im Blick auf die Wirklichkeitserfahrungen dieser Welt. Sie nehmen Gottes Wort für bare Münze und leben von den Zinsen: »Fürchte dich nicht, ich bin mit dir. Weiche nicht, denn ich bin dein Gott. Ich stärke dich, ich helfe dir auch; ich halte dich durch die rechte Hand meiner Gerechtigkeit« (Jes 41,10).

Christen wissen: Das letzte Wort über diese Welt haben nicht Menschen oder Mächte. Jesus, der wiederkommende Herr wird es sprechen. Und auf sein Kommen dürfen wir getrost, gelassen und zuversichtlich warten. »Die Welt phantasiert von Fortschritt, Kraft, Zukunft; die Jünger wissen um das Ende, das Gericht und die Ankunft des Triumphreiches« (D. Bonhoeffer).

Das ist ja das geheime Ahnen jedes Menschen, sich am Ende seiner Tage doch einmal verantworten zu müssen. Das ist die Angst, die die Kräfte schon hier auf Erden lähmt. Es sind doch die größten Atheisten, die in den Rausch fliehen, weil sie Angst vor dem Sterben haben. Angst vor der Zukunft, dem Danach. Deshalb ist es entscheidend, mit dem Zukünftigen schon in der Gegenwart Frieden zu schließen. Der Ort dazu ist das Kreuz von Golgatha. Hier reicht uns der die Friedenshand, der einmal wiederkommen wird, um Lebende und Tote zu richten. Der Friedensschluß mit Christus ist der einzige Ausweg aus dem »No future«. Wer Frieden mit Gott hat, der hat Zukunft. Carl-Friedrich von Weizsäcker sagt: »Wenn ich an den Frieden mit Gott nicht glaubte, wäre mir der Friede der Zukunft nicht mehr als ein Schatten über einem Abgrund.«

Wir haben Zukunft! Weil wir nicht auf eine Sache oder ein machbares Ereignis warten, sondern auf eine Person: Jesus Christus. Unsere Zukunft heißt nicht »Futur«, sondern »Advent«. Sie ist kein selbstgesetzter Sinn, kein »Prinzip Hoffnung« und auch nicht das große Ziel der Weltversöhnung. Die Bibel spricht von der Ankunft des Herrn. Er kommt wieder mit der Macht, alles, wirklich alles, zu erneuern.

Wir haben Zukunft! Weil wir wissen, daß der Endpunkt dieser Welt nicht von Menschen herbeigeführt wird. Er wird von Gott gesetzt. Das unterscheidet den christlichen Glauben von jeglicher Ideologie. Deren Ziele müssen von Menschen erkämpft und erarbeitet werden. Unser Ziel aber ist bereits gesetzt. Ideologen gehen *zum* Ziel, Christus aber kommt bereits *vom* Ziel. Diese Gewißheit macht frei für die Gegenwart. Sie überwindet die lähmende »No-future«-Angst. Sie macht Mut zur Weltverantwortung.

Es ist ein unausrottbares Vorurteil, Christen würden aufs Jenseits vertröstet. Gerade Marxisten brüsten sich damit. Karl Marx nannte den Glauben »Opium des Volkes« und die Religion Verführung zu Passivität und Inaktivität. Christen würden zur Weltflucht verurteilt, wenn Gott ja alles selber mache. Welch ein Irrtum! Ist nicht gerade der Marxismus die größte jenseitsvertröstende Religion? Er ist es doch, der das

Paradies auf Erden für irgendeine spätere Generation verheißt, während die heutigen in Unfreiheit gehalten werden.

Es ist die aufgeblasene Arroganz pseudointelligenter Religionskritik, daß ausgerechnet Marxisten den Christen Jenseitsvertröstung vorwerfen. Das ist blasierte Ignoranz. Noch nie hat die Bibel jemanden auf das Jenseits vertröstet. Im Gegenteil! Wer Jesus hat, der *hat* das Leben (Joh 3,36). Was der Marxist sich für spätere Zeiten erst erhofft, ist für den Christen bereits Gegenwart. Was ist die stufenweise Evolution zum Totalkommunismus denn anderes als pure Jenseitsvertröstung?! Was nützt mir der Blick auf kommende Zeiten, wenn ich im Heute kaputtgehe?

Christen werden nicht *aufs* Jenseits *ver*tröstet, sondern *aus* dem Jenseits *ge*tröstet. Und dieser Trost heißt: Gegenwart Gottes im Leid. Statt Vertröstung redet Gott von Trost. Während Ideologen und Religionsstifter ihre Anhänger zu immer neuen Leistungen zur Schaffung der neuen Welt antreiben, kommt Gott selber in diese Welt und hilft tragen. »In der Welt habt ihr Angst; aber seid getrost, ich habe die Welt überwunden« (Joh 16,33). Das sagt der Gekreuzigte und Auferstandene, der uns bei der Hand nimmt und zur Zukunft führt, während er uns in der Gegenwart nicht allein läßt. »Siehe, ich bin bei euch alle Tage bis an der Welt Ende« (Mt 28,20). Diesen Gott brauchen wir für unser gegenwärtiges Leben, damit unser Leben Zukunft hat.

Statt Vertröstung schenkt Gott Trost. Das ist keine fromme Phantasie, kein Trip und keine Fata Morgana. Das ist erfahrbare Realität. Wer den Zukünftigen in seine Gegenwart holt, der begreift Blumhardts hintergründiges Wort: »Wer Jesus sagt, sagt neu.« Als die Jünger Jesus sahen, da sahen sie bereits die neue Erde und den neuen Menschen. Denn wo immer Jesus seinen Fuß hinsetzte, sah man eine Spur neuer Wirklichkeit. Blinde sahen, Lahme gingen, Tote standen auf. Die neue Erde begann sich abzuzeichnen. Wo Jesus gegenwärtig ist, da sind Trost, Hoffnung und Zukunft. Er hilft tragen und ertragen. Auch und gerade da, wo wir die Gegenwart nicht verstehen. »Nur Gottes Ziele sind Herrlichkeit. Von seinen Wegen hat er es nicht verheißen«, sagte Johann Heinrich Volkening, der Erweckungsprediger meiner Minden-Ravensbergischen Heimat.

Unsere Hoffnung ist keine Droge, die high macht, lebensuntüchtig und weltflüchtig. Unsere Hoffnung motiviert. Sie setzt in Bewegung. Sie ist Motor und Impuls, mit dem langen Atem der Zuversicht auch dort an der Arbeit zu bleiben, wo alles sinnlos erscheint. Die Alltagspleiten werden nur dann erträglich, wenn das letzte Ziel größer ist. Wenn es sich lohnt. Und dies bedarf einer gewissen Zukunft und keiner erhofften oder gar selbstgemachten. Gewisse Zukunft gibt Heimat. Und diese Heimat läßt aufatmen und leben. »Heimat in sich haben! Wie wäre das Leben anders. Es hätte eine Mitte, und von der Mitte aus schwängen alle Kräfte. So aber hat mein Leben keine Mitte, sondern schwebt zuckend zwischen vielen Reihen von Polen und Gegenpolen« (Hermann Hesse).

Weil unsere Zukunft gewiß ist, gewiß als Datum und als Ereignis, fliehen wir nicht aus dieser Welt. Wir sind erst recht frei zur tätigen Mitarbeit an den Aufgaben, die Gott uns stellt. Weil wir unser Leben nicht mehr so lassen wollen, wie es ist, deshalb wollen wir auch die Welt nicht mehr so lassen. »Christen haben nicht den Auftrag, diese Welt zu verändern. Aber indem sie ihren Auftrag erfüllen, verändern sie diese Welt« (C. F. v. Weizsäcker).

Wir kämpfen nicht mehr verbissen um die eigene Zukunft, weil sie auf Golgatha bereits erkämpft wurde. Der Gottlose muß alles selber machen, weil er nichts zu hoffen hat. Das führt zu utopischer Schwärmerei oder radikalem Terror. Es ist die Verbissenheit der Hoffnungslosen, die unsere Zeit zum Schlachtfeld der Weltverbesserer macht.

Christen aber kümmern sich um die Gegenwart, weil ihre Zukunft bereits fertig ist. Sie flüchten nicht ins Jenseits und legen nicht die Hände in den Schoß, wenn sie beten: Dein Reich komme. Im Gegenteil! Friedrich von Bodelschwingh war davon überzeugt, daß Jesus zu seinen Lebzeiten wiederkäme. Das hinderte ihn jedoch nicht daran, mit den Betheler Anstalten eine der gigantischsten Sozialbewegungen in Gang zu setzen. Wo Utopisten träumen und Resignierte fliehen, da arbeitet der Christ, weil er weiß: Keine Arbeit ist vergeblich in dem Herrn (1 Kor 15,58).

Bodelschwinghs Grundsatz war: »Jede echte Hoffnung gestaltet die Gegenwart.« Deshalb wird die »No-future«-Generation nur das gestalten können, was sie hofft: nichts. Deshalb ist auch von all den Bewegungen, die aus Angst geboren sind, nichts Gutes zu erwarten. Die Revolutionäre der Zukunft haben noch immer die Gegenwart zerschlagen. Christen aber »pflanzen ihr Apfelbäumchen« in Verantwortung vor dem wiederkommenden Herrn. Und dieser Herr nimmt die lähmende Sorge und verwandelt sie in Kraft: »Alle eure Sorge werfet auf ihn, denn er sorgt für euch« (1 Petr 5,7). Damit ist keine leichtfertige Sorglosigkeit gemeint, sondern weltzugewandte, getroste Gelassenheit.

Wir wissen, wie wir dran sind. Diese Welt trägt das Zeichen des Provisoriums, des Vorletzten. »Als Symbol dieser gefallenen Welt gilt nicht der Palmzweig, sondern das Schwert« (Künneth). Wir wissen, wohin wir gehen. Durch Zerbruch, Leid und Not gehen wir durch diese Welt dem wiederkommenden Herrn entgegen. Er wird am Ziel alles neu machen. Wir wissen, was jetzt zu tun ist. Christen sind nicht auf Urlaubsreise in dieser Welt, sondern auf Dienstreise. Dienst für Gott und den Menschen.

Wer – mangels Bibelinformation – nicht weiß, wie er dran ist, verfällt in Resignation. No future! Wer nicht weiß, wohin wir gehen, gerät in hoffnungslose Spekulation. Wer nur das Jetzt vor Augen hat, wird zur Revolution greifen, die Machbarkeit der Zukunft propagieren und für sein Ziel verbissen kämpfen. Für Leute, die Zukunft *haben*, gilt weder Resignation noch Spekulation oder Revolution. Sie ballen ihre Hände nicht zur Faust, sondern öffnen sie für den Nächsten und falten sie für Gott. Sie gestalten die Gegenwart mit Hoffnung, weil ihnen die Zukunft gewiß ist. Mitten im Zerbruch freuen sie sich über ihre kleine Kraft, weil der lebendige Gott in ihnen mächtig ist. Mitten im Leid können ihre Augen leuchten, weil sie schon hier von den Zinsen der Zielfreude leben. Christen sind und bleiben gewiß: Wir haben Zukunft! Und was wir haben, das brauchen wir nicht mehr selbst zu machen. Das kann uns auch niemand mehr nehmen.

Wer dieses Ziel nicht hat, lebt ohne Hoffnung. Er macht sich kaputt, weil ihm der Sauerstoff zum Leben fehlt. Ernest Hemingway gesteht: »Mein Leben ist ein dunkler Weg, der nach nirgendwo führt . . ., dunkel ohne Ende nach nirgendwo.« Ganz anders der Mathematiker und Philosoph Blaise Pascal:

>Es ist herrlich,
im wilden Sturm
auf einem Schiff zu sein,
von dem man weiß,
daß es im Hafen ankommt.«

Unser Leben ist kein Krimi mit ungewissem Ausgang. Die einzelnen Etappen mögen Überraschungen und Gefahren in sich bergen. Der Ausgang jedoch ist gewiß. Wir haben Zukunft: Wer Jesus hat, der hat das Leben. »Es ist das Ende gut« (G. Tersteegen).

Der Anker der Hoffnung

Es ist schon ein paar Jahre her. Da trifft den Jugendkreis der Schlag. Einer ihrer fröhlichsten und lebenslustigsten Freunde liegt todkrank im Bett. Die Diagnose der Ärzte ist hoffnungslos: Leukämie. Die Eltern haben ihren Jungen nach Hause geholt, damit er dort sterben kann.

Unglaublich! Eben konnte er noch Bäume ausreißen. Jetzt liegt er bleich in den Kissen. 18 Jahre alt. Das Abitur ist zum Greifen nahe. Medizin will er studieren, um dann als Missionsarzt in die Dritte Welt zu gehen. So weiß er sich von Gott geführt. Alles ist schon geplant. Und jetzt das! Wie konnte Gott das nur zulassen; das ist die Frage, die alle bewegt.

Dieser Junge, 18 Jahre alt, wird zum Zeugnis für seine Eltern, seine Mitschüler und Freunde, ja für die ganze »Nofuture«-Generation. Er strahlt das aus, von dem wir auf den letzten Seiten theoretisch gesprochen haben. An seinem Gesicht kann man ablesen was das heißt: wir haben Zukunft! Auch wenn der Arzt ihm nur offen sagen kann, daß seine Tage gezählt sind. Er weiß: Jesus Christus läßt ihn in Ewigkeit nicht fallen. Auf seine Liebe kann man zählen. Bei ihm kann man vor Anker gehen, wenn alles Menschen-Machbare keinen Bestand mehr hat. So wünscht er sich den Choral, der seit der Konfirmation zu seinen Lieblingsliedern gehört:

>Ich habe nun den Grund gefunden,
der meinen Anker ewig hält;

wo anders als in Jesu Wunden?
Da lag er vor der Zeit der Welt,
der Grund, der unbeweglich steht,
wenn Erd und Himmel untergeht.«

Es ist unvorstellbar. Da geht ein 18jähriger bei vollem Be-
wußtsein in den Tod und hält sich an Gott, der ihn auch im
tiefsten Leid nicht allein läßt: »Darein will ich mich gläubig
senken, dem will ich mich getrost vertraun...«. Da stirbt
einer, der das Leben längst noch nicht satt hat. Der noch so
gern gelebt hätte. Und dennoch stirbt er lebenssatt, wie nur
einer sterben kann, der sich des ewigen Lebens gewiß ist. Oft
liest er den letzten Brief des Widerstandskämpfers Helmut
James Graf von Moltke, den er kurz vor seiner Hinrichtung
am 23. Januar 1945 in Plötzensee an seine junge Frau ge-
schrieben hat: »Mein Leben ist vollendet, und ich kann von
mir sagen: Er starb alt und lebenssatt. Das ändert nichts
daran, daß ich gerne noch etwas leben möchte. Aber dann
bedürfte es eines neuen Auftrages Gottes. Der Auftrag, für
den mich Gott gemacht hat, ist erfüllt.« Das schreibt ein
38jähriger angesichts des Henkers. Davon schöpft ein 18jäh-
riger jetzt Kraft für seine letzten Stunden.

Da liegt er in den Kissen. Hoffnungslos krank und vom
Tode gezeichnet. Dankbar blickt er zurück; und voll Hoffnung in die Zukunft. Er weiß: Diese Zukunft kann mir keiner rauben. Er weint vor Schmerz – natürlich. Er schreit in
seinen Todesqualen – natürlich. Aber er lebt von einer Gewißheit, die nur Gott schenken kann, der gute Vater im
Himmel. Für ihn wird nun das konkret, was Johannes in
seiner Offenbarung geschaut hat (Kap 21): »Gott wird abwi-
schen alle Tränen von ihren Augen, und der Tod wird nicht
mehr sein, noch Leid noch Geschrei noch Schmerz wird
mehr sein; dann das Erste ist vergangen. Alles ist neu geworden.«

Abends schaut die Mutter noch einmal nach ihrem Jungen.
Sie weiß, daß es nur noch wenige Tage sind. Am nächsten
Morgen betritt sie das Zimmer, öffnet die Vorhänge und
sieht: Ihr Junge ist tot; in der Nacht gestorben. In seinen
Händen findet sie einen Zettel. Mit Bleistift hat er ein paar
Worte daraufgekritzelt. Fast unleserlich, aber herzbewegend.

Es sind die Worte des großen dänischen Philosophen Sören Kierkegaard:

> »Noch eine kurze Zeit, dann ist's gewonnen,
> dann ist der ganze Streit in nichts zerronnen,
> dann will ich laben mich an Lebensbächen
> und ewig, ewiglich mit Jesus sprechen.«

So geht ein 18jähriger Abiturient in den Tod. Das ist keine Sentimentalität. Das ist keine Weichlichkeit und keine Flucht ins Jenseits. Das ist keine Nostalgie oder Gefühlsduselei. Das ist die tiefe Gewißheit eines jungen Mannes: Ich habe Zukunft. Mein Lebensschiff kommt sicher im Hafen an.

Wenn man mit dieser Hoffnung selig sterben kann, dann kann man damit auch glücklich leben. *Das* ist die Zukunft, die ich meine. *Wir* haben Zukunft! *Du* auch?

Peter Hahne

Kein Grund zur Resignation
Hilfen zum Christsein

Tb., 64 S., Nr. 75.043
ISBN 3-7751-0814-9

Wissen Sie, daß die sechs großen »G's« unbedingt zu einem lebendigen Christsein mit dazu gehören? Glauben will gelernt, will trainiert sein, um entspannt und kreativ zugleich zu sein. Doch oft genug fühlen wir uns ausgelaugt und leer, wie nach einem gescheiterten Hürdenlauf und lassen uns wieder resigniert zu Boden fallen. In diesem Buch finden Sie den neuen Startschuß, der Sie aus der Mattigkeit wieder hochreißen will.

Peter Hahne

Was ist mein Leben wert?

Tb., 64 S., Nr. 70.712
ISBN 3-7751-0500-X

»Was ist mein Leben wert? Wer bin ich eigentlich?« Ist die erschreckende Antwort auf diese Frage die hartnäckig zunehmende Selbstmordrate vor allem unter Jugendlichen? Der Autor, Peter Hahne, Redakteur beim ZDF, bietet in diesem Buch eine lohnenswerte Alternative, die sich nicht nur in theoretischen Philosophien erschöpft, sondern eine erfahrbare Wirklichkeit im Leben eines jeden einzelnen werden kann.

Bitte fragen Sie in Ihrer Buchhandlung nach diesen Büchern!
Oder schreiben Sie an den Hänssler-Verlag, Postfach 12 20, D-7303 Neuhausen-Stuttgart.

Peter Hahne

Leid – Warum läßt Gott das zu?

Tb., 64 S., Nr. 70.518
ISBN 3-7751-1240-5

Leid – ein Thema, das die Menschheit über Jahrhunderte hinweg beschäftigt und noch immer als unbewältigt gilt. Resignation, Auflehnung, Anklage sind die häufigsten Reaktionen, gegen diesen oft unsichtbaren Feind, den es in nahezu ohnmächtiger Verzweiflung gilt zu bekämpfen. Der Autor dieses Buches wagt es hingegen, dem Leid einen Sinn zu geben. Sachlichkeit und Feingefühl sind kennzeichnend bei seinen Ausführungen, Gott von der Anklagebank auf den »Erlöserstuhl« zu setzen.

Peter Hahne

Die Macht der Manipulation

Tb., 80 S., Nr. 56.710
ISBN 3-7751-0895-5

Der Weltbestseller 1984 von George Orwell ist heute eine Legende, schon 1948 beschrieb er die Schreckensvision einer total gesteuerten Gesellschaft. Aber wie sehen Wirklichkeit und Gefahren heute aus? Hahne schreibt darüber, wie die »antennengesteuerte Freizeitdiktatur« durch Bildschirm und Werbung Manipulation mit Methode einsetzt, um den »Massenmenschen« zu schaffen. Diesem Trend wird die Freiheit des Evangeliums entgegengesetzt.

Bitte fragen Sie in Ihrer Buchhandlung nach diesen Büchern!
Oder schreiben Sie an den Hänssler-Verlag, Postfach 12 20, D-7303 Neuhausen-Stuttgart.

Peter Hahne

Er stellt meine Füße
auf weiten Raum

Gb., 48 S., 18 Farbfotos, 16,5 x 21 cm,
Nr. 70.502, DM 14,80 ISBN 3-7751-1255-3

Ein besonderer Bildband – ein Buch zum Immer-wieder-
selber-Betrachten und ein ideales Geschenk zu jeder Gelegen-
heit. Brillante Bilder, mutmachende Texte. Es geht um Geborgenheit und Alleinsein, um Dankbarkeit und Geduld. »Mut
zum Beruf« wird genauso angesprochen wie »Die Kunst, sor-
glos zu leben«. Das Motto des moderierenden Redakteurs
beim ZDF: »Gott gibt Lebensqualität. Denn er ist der Herr des
Lebens. Er stellt meine Füße auf weiten Raum.«

Peter Hahne

Suchet der Stadt Bestes

Tb., 64 S., Nr. 75.049, DM 2,80
ISBN 3-7751-1079-8

Die Stellung des Christen zu Staat und Politik ist ein heiß
umstrittenes Thema unserer Tage. Die Spannweite reicht von
totaler Abstinenz bis zum übersteigerten Engagement. Die
einen verteufeln die Politik als »schmutziges Geschäft«, die
anderen vergötzen sie als Erfüllung christlicher Weltan-
schauung. Wie können Christen dieser Herausforderung
positiv begegnen? Nach welchen Kriterien sollen sie entscheiden?

Bitte fragen Sie in Ihrer Buchhandlung nach diesen Büchern!
Oder schreiben Sie an den Hänssler-Verlag, Postfach 12 20,
D-7303 Neuhausen-Stuttgart.